丛书主编

王大明　　刘兵　　李斌

编委会成员

(按姓氏音序排列)

陈印政　　柯遵科　　李　斌

李思琪　　刘　兵　　曲德腾

孙丽伟　　王大明　　吴培熠

杨可鑫　　杨　枭　　张前进

不仅仅是数学家

欧美数学名人 II

王大明 编

中原出版传媒集团
中原传媒股份公司

大象出版社
·郑州·

图书在版编目(CIP)数据

不仅仅是数学家：欧美数学名人. Ⅱ / 王大明
编. — 郑州：大象出版社，2021. 6
（中外科学家传记丛书 / 王大明，刘兵，李斌主编）
ISBN 978-7-5711-0866-3

Ⅰ. ①不… Ⅱ. ①王… Ⅲ. ①数学家-列传-西方国
家-现代 Ⅳ. ①K816. 11

中国版本图书馆 CIP 数据核字（2020）第 248744 号

中外科学家传记丛书

不仅仅是数学家　欧美数学名人Ⅱ

BUJINJIN SHI SHUXUEJIA　OUMEI SHUXUE MINGREN Ⅱ

王大明　编

出 版 人	汪林中
项目策划	刘　兵　李光洁
项目统筹	成　艳　陶　慧　王曼青
责任编辑	王大卫
责任校对	张绍纳
装帧设计	王莉娟

出版发行	大象出版社 郑州市郑东新区祥盛街 27 号　邮政编码 450016	
	发行科　0371-63863551　总编室　0371-65597936	
网　　址	www.daxiang.cn	
印　　刷	河南新华印刷集团有限公司	
经　　销	各地新华书店经销	
开　　本	890 mm×1240 mm　1/32	
印　　张	7	
字　　数	146 千字	
版　　次	2021 年 6 月第 1 版　2021 年 6 月第 1 次印刷	
定　　价	25.00 元	

若发现印、装质量问题，影响阅读，请与承印厂联系调换。
印厂地址　郑州市经五路 12 号
邮政编码　450002　　电话　0371-65957865

总　序

马克思和恩格斯合写于19世纪40年代的《共产党宣言》中，曾有这样一段生动的描述："自然力的征服，机器的采用，化学在工业和农业中的应用，轮船的行驶，铁路的通行，电报的使用，整个整个大陆的开垦，河川的通航，仿佛用法术从地下呼唤出来的大量人口——过去哪一个世纪料想到在社会劳动里蕴藏有这样的生产力呢？"马克思和恩格斯说的那一切，还不过是19世纪的景况。到了21世纪的今天，随着核能、电子、生物、信息、人工智能等各种前人闻所未闻的科学技术的飞速发展，人类社会面貌进一步发生了翻天覆地的甚至马克思那个年代都无法想象的巨变。造成所有这一切改变的最根本原因，毫无疑问，就是科学技术。而几百年来，推动科学技术发展的直接力量，就是一大批科学家和技术专家。

中国是这几百年来世界科学技术革命和现代化的后知后觉者，从16世纪末期最初接触近代自然科学又浅尝辄止，到19世纪中期晚清时代坚船利炮威胁下的西学东渐，再到20世纪初期对"德先生"和"赛先生"的热切呼唤，经过几百年的尝试，特别是近几十年的努力，已逐渐赶上世界发展的潮流，甚至最近还有后来者居上的势头。例如，中国目前不但在经济总量上居于世界第二的地位，而且在科学研究的多个前沿领域也已经名列国际前茅；有些方面，比如科学论文的数量，仅次于美国而居世界第二；最可贵的是，中国已经形成了一支人数众多、质量上乘的科研队伍。

利用科学技术来推动社会经济的发展，中国已经尝到了巨大甜头，科学技术是第一生产力的观点深入人心。从政府到民间，大家普遍关心如何进一步落实科教兴国战略、推动创新促进发展，使中国在科技创新方面更具竞争优势，培养和造就出更多的科技创新人才，使中国在现代化道路上能走得更长远、更健康。

为实现上述目标，一方面需要提高专业科学研究队伍的水平，发扬理性思考、刻苦钻研、求真求实、勇于创新的科学精神；另一方面也需要增强和培育整个社会的公众科学素养，造就学科学、爱科学，支持创新、尊重人才的文化氛围。这套"中外科学家传记丛书"的编辑和出版，就是出于这样的考虑。

通过阅读和学习科学家传记，一是可以更深刻地理解科学家们特别是那些在重大历史转折关头做出了伟大贡献的科学家的科学思想和创新方法，二是可以更鲜活地了解到科学家们的科学精神和品格作风，三是可以从科学家们的各种成长经历中得到启发。

本丛书所收录的200多位中外著名科学家（个别其他学者）的传记，全部都来自中国科学院1979年创刊的《自然辩证法通讯》杂志。该杂志从创刊伊始就设立了一个科学家人物评传的固定栏目，迄今已逾四十年，先后刊登了200多篇古今中外科学家的传记，其中包括文艺复兴时期的欧洲科学家、远渡重洋将最初的西方近代科学知识带到中国的欧洲传教士，当然大部分都是现代科学家，例如数学领域的希尔伯特、哈代、陈省身、吴文俊等，物理学领域的玻尔、普朗克、薛定谔、海森伯、钱三强、束星北、王淦昌等，以及天文学、地学、生物学、计算机科学和若干工程领域的科学家。值得指出的是，这些传记文章的作者，大都是在相关领域学有专长的专家学者。例如：写过多篇数学家传记的胡作玄先生，是中国科学院原系统科学研究所的研究员；写过多篇物理学家传记的戈革先生，是中国石油大学的物理学教授；此外还有北京大学、清华大学、上海交通大学、中国科技大学等多所国内著名大学的教授，以及中国科学院、中国医学科学院和中国科技协会等研究机构的专家。所以，这些传记文章从专业和普及两个角度看，其数量之多、涉及领域之广、内容质量之上乘、可读性之强，在国内的中外科学家群体传记中都可以说是无出其右者。

考虑到读者对象的广泛性，本丛书对原刊物传记文章进行了重新整理编辑，主要集中在如下几个方面：一是在总体设计上，丛书共分30册，每册收录8个人物传记；二是基本按照学科领域来划分各个分册；三是每分册中的人物大致参考历史顺序或学术地位来编排；四是为照顾阅读的连续性，将原刊物文章中的所有参考资料一律转移到每分册的最后，并增加人名对照表。

当前，中国正处在从制造大国向创造大国转变、急需更多科技创新和科技人才的重要历史时刻，希望本丛书的出版对于实现这个伟大目标有所裨益，也希望对广大青少年和其他读者的学习生活有所帮助。

目 录

001
希尔伯特 现代数学的巨人

027
哈代 不仅仅是数学家

051
哥德尔 当代最伟大的逻辑学家

077
李雅普诺夫 彼得堡数学学派的健将

101
马尔科夫 彼得堡数学学派的中坚

131
弗兰克尔 一代公理化集合论大师

151
布饶尔 有限群领域的辛勤耕耘者

177
柯尔莫哥洛夫 "复杂性研究中的欧几里得"

198
参考资料

203
人名对照表

希尔伯特

现代数学的巨人

大卫·希尔伯特
(David Hilbert, 1862—1943)

19世纪、20世纪之交的1900年8月8日，有一位年仅38岁的年轻数学家应邀在第二次国际数学家大会上做了一个报告。在这次演讲中他列出了自己认为在即将到来的20世纪中数学家们应该努力去解决的23个问题（会上只讲了10个，发言稿中23个）。然后，20世纪前几十年世界数学领域的发展，果真是围绕着他所提出的方向展开。这位数学家就是古往今来最著名数学家之一的大卫·希尔伯特。

一、早年

1862年1月23日，大卫·希尔伯特出生在东普鲁士的哥尼斯堡。小希尔伯特刚刚上学念书时，并不聪明。别的小孩6岁上学，他8岁才上学，而且从来没听说他有什么突出的成绩。他上的文法学校以文科为主，没有自然科学课程，数学是不受重视的。拉丁文、希腊文是主修课程。大数学家高斯、黎曼学习这些古典语言时都是兴趣盎然、成绩出色的，可是希尔伯特学起来却很吃力，死记硬背，勉强过关。据他的同学讲，他的理解力也颇弱，他自己觉得只有学起数学来还从容、舒服。这比起他的同乡，从俄国来的犹太人移民闵可夫斯基家的孩子们真是差远了。老三赫尔曼·闵可夫斯基，5年多就把需要8年多的时间念完的功课念完了，小时在家里就已经熟读莎士比亚、歌德和席勒这些文学巨匠的作品,《浮士德》大半会背下来。

最后一学年,希尔伯特转到另一所学校,那所学校比较重视数学,他以勤奋博得优秀的成绩。学校的老师没有忽视他的才能所在,在评语中写道:

> 他对数学表现出极强烈的兴趣,而且理解深刻,他能用非常好的方法掌握老师讲课的内容,并能有把握地、灵活地运用它们。

希尔伯特在选择自己的前途时还能有什么犹疑呢?他的祖父、父亲都是法官,好多亲友也在法律界做事。他的父亲自然希望子继父业,让希尔伯特攻读法律。但是,他的母亲给他另外一种影响。他的母亲对哲学、天文学、数学有着特别的爱好,她经常谈到素数的奇妙性质,而且对于哥尼斯堡的伟大哲学家康德的遗迹有着近乎崇拜的感情。小希尔伯特的心中早就响着康德的名句:

> 世上使我惊异的只有头上的星空和我们心中的道德规范。

这一切比起法律上的世俗事务来又是多么诱人啊!

他决定进家乡的大学攻读数学。哥尼斯堡大学有着悠久的学术传统。康德在这里教过哲学和数学。仅次于高斯的德国数学家雅可比在这里执教过 18 年。他创立了讨论班这种形式，培养起一代新人。

希尔伯特进了这样的大学简直是如鱼得水，他发现大学的生活要多自由有多自由，教授们想开什么课就开什么课，学生们想听什么课就听什么课。没有点名，没有考试，没有必修课。他可以完完全全地献身给数学了。

在大学的第一学期，他听了积分学、矩阵论和曲面的曲率论三门课。根据当时的习惯，大学生在四年大学学习期间往往到两个、三个或更多的大学上课，这种流动使得学生们可以从每所大学、每位教授那里吸收知识，吸取各方面的精华，开阔他们的眼界。希尔伯特在大学第二学期就到海德尔堡大学去听当时的微分方程的权威拉撒路·富克斯的讲课。富克斯课前不备课，讲课时现想现推。这样非但没有影响教学质量，反而使学生能亲身体会数学的思想过程实际上是怎么进行的。

第三个学期他本来可以去当时德国数学的中心——柏林大学去的，可是他太想家了，还是回到哥尼斯堡大学念书。海因里希·韦伯是该校的数学教授。他是一位数论、函数论专家。希尔伯特听了他的"数论"和"椭圆函数论"的课，还参加了韦伯的关于"不变式理论"的讨论班，正是这个讨论班使他接触到这个新领域，它在以后十年里是希尔伯特的主要研究方向。

1883 年韦伯到夏洛滕堡去当教授，继任数学教授的是林德曼。1882 年林德曼因证明圆周率 π 是个超越数（也就是它不是以有理数为系数的代数方程的根）而成了数学界的大明星。由于林德曼证明

了 π 是超越数，进而推出"化圆为方"这个千年难题是办不到的。林德曼的确是希尔伯特的真正老师，是他使希尔伯特转向不变式论的研究，1884 年希尔伯特的博士论文题目也是他出的。希尔伯特在 1893 年一篇论文中，给出 e 和 π 是超越数的一个非常简单的证明。

希尔伯特在大学里所受到的最大影响不是听讲，不是看书，也不是参加讨论班，而是同两位青年数学家的交往。一位是赫尔曼·闵可夫斯基，他比希尔伯特小两岁，上大学却早半年，1882 年春天在柏林大学读了三学期后回到哥尼斯堡。这个十分害羞的 17 岁少年，正在干着一项惊人的事业。1881 年春天，巴黎科学院悬赏征求下面问题的解法：把一个整数分解为五个平方数之和。这个问题实际上已被英国数学家亨利·史密斯解决，只是因为若尔当、埃尔米特这些法国院士不懂英文所以不知道。闵可夫斯基一个人潜心研究，他的结果大大超出了原问题的范围。1883 年 4 月，这个数学大奖授予史密斯和闵可夫斯基。这件事轰动了哥尼斯堡，希尔伯特的父亲告诫他，不要冒冒失失去和"这样出名的人"交朋友。他却不顾父亲的反对，和这位天才成了终身的好友。他们对数学有着共同的热爱，对数学的前途充满了信心。对于当时流行的悲观论调"我们无知，我们将永远无知"，他们的回答是："每一个确定的数学问题必定能够得到一个准确的回答；或者对所提的问题实际上给出肯定答案，或者证明问题是不可解的，从而所有企图证明它成立的努力必然失败。"

1884 年春天，希尔伯特的另一位真正的老师——阿道尔夫·胡尔维茨到哥尼斯堡大学担任副教授。他比希尔伯特还大不了 3 岁，这位刚刚 25 岁的副教授，就已经对数学的整个领域有非常深刻的了解。希尔伯特同这两位一大一小的良师益友的交往是他一生中最幸福的难忘经历。

每天下午 5 点，他们三人碰头向苹果树走去。在日复一日的散步中，他们考察了数学世界的每一个王国，讨论了当前数学的状况，相互交换新得到的知识，相互交流彼此的想法和研究计划。就这样，三个人结成了终身的友谊。胡尔维茨以其全面、系统的知识对其他两位有着十分深刻的影响。希尔伯特用这种既容易而又有趣的学习方式，像海绵吸水一样吸收数学知识，给自己的未来事业打下了牢固而全面的基础。比起这两位数学天才来，希尔伯特还是一个无名之辈，可是 20 年后、30 年后、40 年后……许许多多当时一流数学家的名字变得晦暗，希尔伯特的名字却依然光彩照人。

二、新思想

博士学位是学术阶梯上的第一级。林德曼建议他研究代数不变式。

代数不变式的观念在 18 世纪就已有萌芽，但是正式提出来这个概念的是英国数学家、逻辑学家乔治·布尔，现在计算机科学中常谈到的布尔代数就来源于他。1841 年布尔正式提出了不变式的概念。不变式理论中最主要的问题是对于给定的齐次多项式（型或形式），求出它的所有不变式来，更进一步，可以问这些不变式是否能够由有限多个"基本的"不变式产生出来，这些"基本的"不变式之间有什么关系。这个问题是极为困难的，英国数学家凯雷对于两变元的形式给出了这个问题的解答，他说如果多项式的次数大于8，"基本的"不变式会有无限多个。10多年来，没有人对此说个"不"字。可是到1868年，德国数学家戈尔丹指出，凯雷的结果是不对的，任何两变元的形式的不变式都只有有限多个"基本的"不变式。他的方法十分巧妙，写出来的都是具体公式，不由你不心服口服。这样一个突破使得他荣获"不变式之王"的雅号。他随即提出一个问题，对于三元型、四元型是否不变式也具有"有限基"呢？这个问题，经过英、德、法、意等国许多数学家的努力，十几年来进展仍旧不大，希尔伯特就是从研究这种数学上的前沿问题走上数学研究的大道的。

1884年12月11日希尔伯特通过了口试，1885年2月7日他通过答辩正式被授予哲学博士学位。

希尔伯特开始向戈尔丹问题进攻了。他认为这个问题具有一个重大的、关键的问题所应具有的特点：

1. 清晰性和易懂性（"因为清楚、易于理解的问题能够吸引人的兴趣，而复杂的问题使人望而却步"）。

2. 困难（"这才能诱使我们去钻研它"）但又不是完全无从下手（"免得我们徒劳无功"）。

3. 意义重大（"在通向那隐藏着的真理的曲折道路上，它是一盏指路明灯"）。

希尔伯特一生正是本着这样的原则去进攻一个又一个问题而取得一个又一个重大成就的。而且他每研究一个问题总是锲而不舍，不达目的决不罢休。在通往解决问题的大道上，他总是不为陈规陋习所束缚,而是去寻求各种途径,充分发挥他巨大的创造才能。

对于戈尔丹问题这个迫切的难题,他先从吃透戈尔丹所解决的二元情形入手。他先给出一个简单证明,然后对于三元、四元乃至 n 元情形,用统一的方法来处理。这就是著名的希尔伯特基定理。希尔伯特一反以前的一个公式接着一个公式的构造方法,从基定理用逻辑证明,任何 n 元型的不变式都具有有限基。这个干净利落的存在性证明引起了"不变式之王"戈尔丹大声叫喊:"这不是数学,这是神学。"许多人对他的结果的可靠性也有所怀疑。1888 年他发表的短短四页的文章未免太少了一点,他又花上几年时间用构造的方法把主要定理——基定理证明出来,使得大家没有话说了,连戈尔丹最后也说:"神学也有神学的用处嘛!"

正是这样,希尔伯特在数学方法论上完成了一次革命,用存在性证明来代替构造性证明。

不变式的时期结束以后,希尔伯特进入他的数论时期。1893 年在慕尼黑召开的德国数学联合会上,希尔伯特对于代数数域的基本定理——每一个理想可以唯一分解为素理想,给出一个新的证明。这个定理以前由戴德金和克洛耐克用不同的方法证明过。在这次会议上,德国数学联合会委托希尔伯特和闵可夫斯基在两年之内准备一篇"数论报告"。可是闵可夫斯基很快就没有兴趣搞下去了,整个工作由希尔伯特独自完成,当然他不断地征求他的朋友们,特别是闵可夫斯基的意见。这篇报告最后于 1897 年 4 月完成。它大大超过一篇报告的分量。它是数学中最优秀的综合报告,几十年中一直成为学习代数数论的人手中的"圣经"。

从 19 世纪初高斯发表了他那著名的《算术研究》起，代数数论已经取得许多成果，但不同的数学家不但看问题的角度互不相同，连使用的术语和记号都不相同。这给其他数学家带来很大的困扰。希尔伯特细致地搜集代数数论的知识，然后用一种统一的观点来对这些知识重新组织，给出新的表述和新的证明，并且在这个基础上描绘出未来的宏伟大厦——类域论的蓝图。

在 1893 年到 1897 年这几年间，希尔伯特做了大量的工作，而且揭示出来数论这原来比较孤立的分支与数学其他分支的联系。他从特殊的例子出发，由特殊到一般，最后概括出"类域"这个概念，并猜想了许多定理。这些猜想在以后三四十年间成为数学家集中研究的对象。20 世纪，所有数学中最漂亮的理论——类域论就是以希尔伯特的报告为出发点的，而且他所提出的许多概念还预示了抽象代数、同调代数的发展。

三、哥廷根的黄金时代

在希尔伯特集中力量研究数论的时候，1894 年 12 月初，他接到克莱因的一封信。由于韦伯到斯特拉斯堡去任教，空下的教授职位，克莱因想让希尔伯特接替。1895 年 3 月他到哥廷根去当教授，从此，哥廷根成为世界数学的中心。

哥廷根大学建于 1737 年，它的伟大科学传统是由高斯开创的。他开辟了哥廷根大学的理论与实际结合的优良传统。他的继承人狄利克雷和黎曼都对数学做出了杰出的贡献。1886 年赫赫有名的克莱因到哥廷根大学，哥廷根开始成为吸引各国学生的圣地。

在哥廷根，克莱因无疑是绝对权威。他擅长综观全局，他能在完全不同的问题中洞察到统一的思想，还有集中必要的材料阐明统一见解的艺术。他选择的课题使学生对整个数学能够获得一个全面的了解。他的讲课准备得非常仔细，每个细节都有周密的安排。他魁梧威严、风度翩翩，被人形容为云端的一尊大神。

希尔伯特可完全不一样，他中等个儿，头顶已秃，留着淡红色的胡子，说话还保留着浓重的东普鲁士口音，看上去根本不像一位教授。希尔伯特的讲课也不太高明，他讲得很慢，经常重复，有点像中学教员讲课。但是他的讲课注意"简练、自然、逻辑上严格"，而且往往有许多"精彩的观点"，给许多学生留下深刻的印象。

在讨论班上，他总是聚精会神地听，总是温和地纠正别人的错误，对于做得好的工作总是热心表扬，对于做得不好的工作也提出直率的批评。他不能容忍假话和空话，那要引起他大发雷霆的。

希尔伯特到了哥廷根，三年来只谈"数域"，可是1898年到1899年冬天他转而讲授"几何基础"。这使人们产生惊异的感觉。不过，他对几何基础问题的兴趣并不自当日始。

1891年，他曾在哈勒听过赫尔曼·维纳关于几何基础的讲演。在返回哥尼斯堡的路上，他在柏林车站对别人说，在一切几何学命题中，"我们必定可以用桌子、椅子和啤酒杯来代替点、线、面"。这种朴素的说法，包含着他后来在《几何学基础》中阐述的本质思想。

长期以来，欧几里得几何学一直是数学思维的典范，连牛顿的《自然哲学的数学原理》和斯宾诺莎的《伦理学》都仿照《几何原本》的格式。文艺复兴以后,很多人尝试对平行公理做出证明,但是都失败了。这使得人们从另外一个角度来考虑问题:把平行公理换成另一个公理。这导致19世纪20年代非欧几何的出现,大约同时射影几何也正式形成。曾有许多人考虑几何的公理化,一直到1882年帕什给出了第一个逻辑上封闭的射影几何和欧氏几何公理系统。他发现欧氏几何体系中许多关系是隐含在公理中的,而且他还具有几何实体不是靠直观而是靠公理来定义的思想。但是正是希尔伯特给出一个几何学公理系统,其中有三组对象,可以叫点、线、面,叫别的也可以,这些对象满足五组公理。不管你怎样解释这些对象,只要它们满足这些公理,那么由公理推得的定理都一定成立。

尤其是希尔伯特对于公理提出了一些逻辑上的要求,也就是:

1. 完备性,如果除掉任何一条公理,就会有某些定理得不到证明。

2. 相容性,从这些公理出发不能推出互相矛盾的定理。

希尔伯特的独到之处在于,他巧妙地创造代数的工具,使用代数模型来证明相容性和独立性。希尔伯特给数学家提供了公理化方法的典范。

1899年,希尔伯特的《几何学基础》的讲义出版,这本书产生了巨大的影响。其中最有决定意义的是"那种特殊的希尔伯特精神……即把逻辑力量与创造活力结合起来;藐视一切陈规陋习;几乎以康德式的乐观精神把各种本质关系转化成为对立面,并最充分地运用数学思想的自由"。

《几何学基础》是他的著作中读者最多的一部，在他生前再版六次，他去世后又出过第八、九、十版。它不仅对几何学的影响甚为巨大，而且还预示了后来他关于数学基础的工作。

1899年夏天，《几何学基础》刚刚出版不久，希尔伯特又转而研究另外一个著名的老问题——狄利克雷原理。在力学、电磁学中都要解拉普拉斯方程的边值问题。从直观上来看，这个方程的解的存在是不成问题的，但是从数学上就要有严格的证明。高斯发现这个解就是使得某个二重积分达到极小的函数。黎曼不经证明就认为这个使积分达到极小的函数一定存在。可是一贯以严格著称的魏尔斯特拉斯认为这样不合理，1870年他还举出反例证明在某些情形下，这样的函数并不存在。

但是，狄利克雷原理太有用了，而数学家只能绕过它。许多数学家觉得严格性是一个负担，可是希尔伯特不这么看，他坚定地相信严格有助于方法的简化。他高度赞赏魏尔斯特拉斯将直觉的连续性的理论改造成为严格的逻辑体系的工作。但是，他对于魏尔斯特拉斯对狄利克雷原理的批判并不赞同。这个原理的诱人的简明性和谁也不能不承认的有着丰富的应用的可能性使他确信它有内在的真实性。于是，1899年9月，他在德国数学联合会上提出使狄利克雷原理"复生"的尝试。他的方法就是回到问题的根源，回到原始概念的简明性上。他以伟大探索者的质朴无华、摆脱任何传统偏见的精神进行研究。他通过巧妙的处理，消除了魏尔斯特拉斯指出的缺陷，激起大家的惊叹和赞美。整个思路简单明了，但是直观上并不显然，克莱因称赞他"成功地给曲面剪了毛"。后来他又给出另外的证明。他的证明经过简化和推广，使狄利克雷原理由一个纯粹数学的原理变成一个强有力的计算方法——黎茨方法。

四、20世纪的数学新方向

1899年年底，第二次国际数学家大会邀请他做一次重要发言。在这世纪交替之际，他应该讲些什么呢？于是他和闵可夫斯基商量。闵可夫斯基回信说：

> 最有吸引力的题材，莫过于展望数学的未来，列出在新世纪里数学家应去努力解决的问题。这样一个题材将会使你的讲演在今后几十年的时间里成为人们议论的话题。

当时这样做是极为困难的。经过一番考虑，希尔伯特决定提出一批亟须解决的数学问题。

经过半年的准备，希尔伯特把这篇长达40页的文章带到巴黎去。1900年8月8日，他在会上做了这个讲演，他没能全讲，实际上23个问题中只讲了10个问题。

他在这篇有历史意义的演说中，强调了有具体成果的大问题的重要性。他说：

> 只要一门科学分支中充满大量问题，它就充满生命力，缺少问题则意味着死亡或独立发展的终止。正如人类的每种事业都是为了达到某种最终目的一样，数学研究需要问

题。解决问题使研究者的力量得到锻炼，通过解决问题他发现新方法及新观点并且扩大他的眼界。

他还说："谁眼前没有问题而去探索方法就很可能是无用的探索。"

他讲的问题的确成为新世纪的方向，前三个是数学基础论的问题，在当时这门学科可以说还没有露头，而在20世纪已经发展成为一个庞大的领域了。他对于基础的重视正预示着数学的方向。

其次的四个问题是关于数论和代数方面的，一个是超越数问题，一个是素数问题，还有实代数曲线的问题，这些问题都已经成为新学科，现在仍被人紧张地研究着。

最后三个分析问题都是19世纪的重大问题，在20世纪取得相当大的进展，但是仍未彻底解决。

他说，他只提供了一些问题的样品。他最后表示，他不相信也不希望出现数学被割裂成细小分支，彼此互不关联的情况，他认为，数学科学是一个不可分割的有机整体，它的生命力正是在于其各个分支之间的联系！他的这些问题正是给统一数学、增进数学家相互了解，防止过分专门化提供了良好的基础。

正如闵可夫斯基所预料的，希尔伯特这个讲演成为20世纪数学发展的一个指南、一个缩影。

20世纪初，世界上学数学的学生都受到同样的劝告："打起你的背包来，到哥廷根去！"这时听希尔伯特讲课的学生经常达到几百人，有时候连窗台上也坐满了人。20世纪著名数学家赫尔曼·外尔回忆起他到哥廷根时还是一个18岁的乡下孩子，一到大学就去听希尔伯特的课。他说："他讲的内容一直钻进我的脑子，新世界的门对我打开……"外尔立即暗暗下定决心，必须用一切办法去阅览希尔伯特所写的一切。他还说过：希尔伯特的"光辉在我们那些共同的疑虑和失败的岁月中仍旧抚慰着我的心灵"。许多著名物理学家也听过希尔伯特的课。

在1900年冬天，瑞典数学家赫尔姆格林在希尔伯特的讨论班上报告了弗瑞德霍姆最近关于积分方程的初步结果，马上激起希尔伯特的莫大兴趣。希尔伯特一眼就看出积分方程和无穷多变元的线性方程的相似性，它们之间可以通过极限过程联系起来。围绕希尔伯特的青年数学家形成了一个大的国际学派，积分方程成为当时最时髦的东西，不仅在德国，在法国、意大利乃至大西洋彼岸也是如此。一大批好文章出现了，当然也夹杂不少平庸的文章。但是，整个效果给分析带来可观的变化。泛函分析这门崭新的学科以它第一个空间——以希尔伯特命名的空间的特例（平方可和级数空间）——的出现而宣告自己的诞生。而对物理学家最有意义的事是希尔伯特创造了希尔伯特空间的算子谱理论。20年后，量子力学就是用算子谱来解释原子光谱的。

希尔伯特在研究积分方程理论过程中，一刻也没有忽略物理学的革命性进展。他知道线性积分方程理论在分析、几何和力学上有着多方面的应用，难道他不能使这个理论成为新的理论物理学的重要工具吗？1912年起他开始用积分方程理论研究辐射理论，在三篇文章中，他最后把辐射理论公理化。在他看来，一门物理学到最后也必须公理化才算完整。实际上他的目标要大得多，他要把整个物理学公理化，但他没有成功。

早在 1902 年秋天，闵可夫斯基到哥廷根担任教授，这两位朋友又开始了他们的第二个青春。希尔伯特和他的朋友密切合作，系统地研究理论物理学，经常同这门邻近学科保持接触，闵可夫斯基关于相对论的工作就是这些共同研究的第一个成果。1909 年闵可夫斯基去世时，希尔伯特这样谈起他们的友谊："我们爱我们的科学超过了一切，正是它把我们联系在一起。它像是盛开的花园，花园中有许多平整的小径，可以使我们从容地左右环顾，毫不费力地尽情享受，特别是有气味相投的伴侣在身旁，但是，我们也喜欢搜寻隐秘的小路，去发现新的美丽景色，当我们向对方指出来时，我们的快乐就更加完美。"闵可夫斯基去世以后，一直到 1930 年，希尔伯特还经常讲物理方面的课程并指导讨论班。

五、希尔伯特精神

1914 年 8 月，第一次世界大战打起来了，狂热的沙文主义情绪在整个欧洲弥漫着。

当时德国发布了"告文化界"的声明，几乎征得每位有头面科学家的签名：发明 606 的埃尔利希，热力学第三定律创立者能斯特，量子论创立者普朗克，X 射线发现者伦琴，有机化学家费歇尔……德国的数学家中具有国际声望的无疑是克莱因和希尔伯特，克莱因也签了名，而希尔伯特仔细研究了每一条，他说他不能肯定这里说的都是真话，他拒绝签名。1914 年 10 月 15 日德国政府公布了这份声明，没有具名的大科学家，一个是爱因斯坦，一个是希尔伯特。大战期间他还是照样搞他的学问。他说，打仗是件蠢事。

1917年1月，法国数学家达布去世的消息传到哥廷根，希尔伯特立即写了一篇纪念达布的文章登在哥廷根的数学杂志上。文章发表之后一群学生跑到希尔伯特家门口，大吵大闹，要希尔伯特立即承认纪念"敌国数学家"有罪，并把印好的文章全部销毁。他拒绝了，而且他跑到校长那里声明，如果校方不为学生的行为向他道歉，他就要辞职。校方只得马上向他道歉。

希尔伯特反对科学中一切出于国籍、种族和性别的歧视。他只有一个目标，那就是追求真理；他只有一个标准，那就是学术标准。他没有任何门户之见，更没有地方偏见。爱尔朗根大学有两位教授，一位是"不变式之王"戈尔丹，另一位是马克斯·诺特。诺特的女儿爱米·诺特跟着戈尔丹学习不变式论，1907年获得博士学位。当时在大学教书要通过授课资格，而女性就很难取得。希尔伯特在一战期间把她请到哥廷根，极力推荐她，但是遭到哥廷根哲学系中语言学家和历史学家的坚决反对。希尔伯特直截了当地说：

先生们，我不明白为什么候选人的性别是阻止她取得讲师资格的理由。归根结底，这里毕竟是大学而不是洗澡堂。

也许因此他激怒了他的对手，爱米·诺特没有被通过。她在20世纪20年代发展了抽象代数，在她周围形成一个新的学派。而这个学派的思想在很大程度上也是来源于希尔伯特的。

实际上,他在19世纪最后10年所完成的关于几何基础的研究工作已经引起很大的反响。当时出现各种各样的公理化,特别是从几何出发,对数域的公理化。另外一条拓扑路线也在希尔伯特的二维流形的定义中发展起来,这样代数和拓扑这两门现代数学的基础和核心在20世纪初都蓬勃发展起来。

但是,希尔伯特看得更远,他采取的模型的方法给出的证明只是公理之间相容性的相对证明,而他念念不忘的是相容性的绝对证明,也就是要包括整数、实数乃至康托尔的集合论在内的证明。有了这个,全部数学就可以安安稳稳躺在集合论或数论的基础上了。他在1900年的数学问题中谈到这一点。1904年在海德堡召开的第三次国际数学家大会上他也谈到这个问题。这个讲演主要是他首次尝试给算术的无矛盾性一个证明。有趣的是,他先给前人的观点各贴一个标签:克洛耐克是教条主义者,亥姆霍兹是经验主义者,克里斯托费尔是机会主义者。而这些前人的观点他都加以批判。他说更深刻的是弗雷格的逻辑主义方法、戴德金的先验方法、康托尔的主观判断方法。而他自己则标榜公理化方法。这里他已经谈到他的观点:把数学还原成一组公式。但是由于他忙于搞积分方程及物理学,他的理论没有再进一步探讨。一直到一战期间,1917年9月他在苏黎世讲演"公理化思想"才又重新回到数学基础问题。因为这时数学界关于基础的争论已经闹翻了天。特别是布劳威尔的直觉主义的传播。当时由于悖论的出现引起数学基础的危机。布劳威尔在1907年博士论文《论数学基础》中点名批判了康托尔、罗素、希尔伯特的工作。他对于"数学的存在主义"的批判不仅完全消除了悖论，而且也把当时大家一直普遍接受的经典数学很大一部分破坏掉了。

这种观点其实反映着以前柏林大学教授克洛耐克的思想。克洛耐克有句名言："上帝创造了整数，而人做其他的工作。"他坚持存在的证明必须通过整数明显地、一步一步地构造出来。他十分霸道，总是利用自己的权势和威望打击一切他认为是"异端"的人物，其中集合论的创造者康托尔就是最大的受害者，而希尔伯特是集合论的最早拥护者之一，如今布劳威尔的直觉主义观点简直就是克洛耐克的鬼魂又从坟墓里爬出来了。年近六十的希尔伯特锐气不减当年，他确信，无须"背叛我们的科学"就可以恢复其完整的明确性。他提出来要"把基础问题一下子彻底解决掉"，他大声疾呼：

> 禁止数学家使用排中律就等于禁止天文学家使用望远镜和不让拳击家使用拳头一样。

希尔伯特认识到：除非把数学命题首先都还原成公式，数学命题本身就不能成为数学研究的对象。这样做的目的就是要给无矛盾性一个绝对的证明。也就是说，他要求建立的不是个别数学命题的真假，而是整个体系的无矛盾性。一个体系如果按照推演规则永远不能推出公式 $0 \neq 0$ 来，那么这个体系就没有矛盾。希尔伯特认为数学真理的所在就是没有矛盾，而不在于是否能构造出来。因而在这个意义下，他能够挽救他所珍爱的整个古典数学体系。这就是他的形式主义。

对于形式主义者来说，数学本身是形式系统的集合。每个形式系统都包含自己的逻辑，自己的概念、公理、推演定理的规则（例如相等规则、代换规则等），以及由他们推出的定理。数学的任务就是发展出每一个这样的演绎系统。

20世纪20年代，希尔伯特发表了一系列的文章同布劳威尔和外尔等人进行激烈的战斗。在这中间，他发表了证明论即元数学这门分支，也就是如何通过把数学理论中的公理、公式和证明作为对象来进行记号的形式推理。

1922年发表的《数学的新基础》，1925年发表的《论无限》和1927年在汉堡做的数学基础的讲演，给出了具体的证明论的记号及公理系统、推演规则等。而且在1927年的讲演中猛烈抨击直觉主义的同时，还指出它与逻辑主义的不同。罗素等的理论中有无穷公理和可归约性公理，他认为这两个公理没有无矛盾性的证明，是纯内容性的，不符合他的要求而应予以避免。当然更主要的形式主义者坚持逻辑同数学同时处理的观点，他们把1当作原理记号，而不像逻辑主义者通过繁复的逻辑符号连篇累牍地去定义1。

1930年，68岁的希尔伯特光荣地从他就任35年的哥廷根教授职位上退休。35年来，哥廷根播下的种子传遍世界各地，到处开花结果。希尔伯特和庞加莱不同，他不仅通过自己的研究成果影响整个数学界，还通过交谈、教课、指导博士论文发挥自己的莫大影响。这样的学生有成百上千，著名的数学家就有几十人之多。

由于他的辛勤劳动和取得的丰硕成果，荣誉自然也纷至沓来。

这一年使他最高兴的消息是他的家乡哥尼斯堡授予他荣誉市民称号。回到自己生于斯、长于斯的康德之城，自不免心情激动。30 多年来，数学与自然科学的飞跃发展更使这位全心全意献身科学的老战士热情奔放。他在秋天去哥尼斯堡接受这项荣誉后，曾在哥尼斯堡科学会上发表了一个题为"对自然的认识与逻辑"的充满乐观主义精神的演说。他的第一句话就是"我们最崇高的任务就是认识自然、认识生命"。接着他怀着满意的心情回顾了 20 世纪科学上的伟大成就放射性、原子结构、相对论、量子论等。他还谈了自己对哲学问题的看法。康德认为除逻辑和经验之外，人还具有某种对实在的先验知识。希尔伯特虽然觉得这位老乡净说废话，不过在这种场合他还是说："他相信数学的认识最终还依赖于某种直观洞察力。"当然"康德大大夸大了先验知识的作用和范围"。问题是要把康德的那些神人同性论之类的废话去掉。他说"剩下的先验知识将也就是纯粹数学知识的基础"，而"数学就是协调理论和实践、思维和实验的工具。它在它们之间建立起一座桥梁，并不断地巩固它。因此，我们整个的现有文化，至少涉及对自然的理性认识和利用，都是奠基于数学之上"。

最后他以极大的热情和乐观主义反驳了不可知论：

> 对于数学家来说，没有不可知论，按照我的看法，自然科学也根本没有不可知论。哲学家孔德有一次曾试图举出一个不可能解决的问题的例子，他说，科学将永远不能解答天体的化学组成之谜。可是，几年之后，这个问题就

被解决了……在我看来,孔德找不到一个不能解决的问题,其真正原因就在于,根本就没有不能解决的问题。与那种愚蠢的不可知论相反,我们的口号是:

我们必须知道,我们将会知道。

当他的眼睛从讲演稿上抬起时,他发出愉快的笑声。

六、晚年

正当希尔伯特的笑声还回荡在人们的耳际时,谁也没有料到形势已经急转直下。

也是在1930年,一位不知名的奥地利数学家哥德尔投寄了一篇论文,它的题目是《论数学原理及有关体系中的形式不可判定命题》。这篇文章证明初等数论是不完全的,也就是有这样的定理,在初等数论的形式系统中既不能证明也不能否定。并且他推而广之,认为对于"有点意义的"形式系统,其自身的无矛盾性不能通过希尔伯特有限主义的办法来实现。换句话说,希尔伯特的纲领行不通!

希尔伯特是从他的学生伯奈斯那里听到这个结果的,他感到气愤、困惑、沮丧。这个沉重的打击使他难以恢复。他必须对自己的"有限主义"纲领加以修正,做出让步,允许诸如"超限归纳法"之类的东西进来,虽然他不情愿,但那又有什么办法呢?

更没有办法的是政治。纳粹分子从街头打砸抢的乌合之众摇身一变成为国会中的第一大党。接着,1933年1月希特勒上台,很快就在各个领域全面实行法西斯专政。在焚书的熊熊烈焰中，不仅有托马斯·曼、亨利希·曼、纪德、普劳斯特等人的文学名著，还有爱因斯坦的物理学著作。因为"犹太物理学"是直接和"亚利安物理学"针锋相对的。当时也有"犹太数学"和"亚利安数学"之分。亲纳粹的数学家还办了数学期刊《德意志数学》，1936年第一卷的扉页上就是元首的语录。社论宣称：凡是认为数学没有种族性的任何想法，其本身就包含着"毁灭德国科学的胚种"。德国的科学的确正在走向毁灭，希尔伯特从来不认为科学与种族有什么相干，但是对那些纳粹匪徒提抗议又有什么用呢？他只得眼巴巴看着这个数学大家庭风流云散。他的继承人外尔，在1933年夏天回瑞士去了。后来，美国普林斯顿高等研究院把外尔、爱因斯坦、冯·诺伊曼等请去了。爱米·诺特和希尔伯特的一位助手，克莱因的继任者——柯朗，都到美国去了。希尔伯特的另一位亲密助手伯奈斯，也不得不离开，他们合著的《数学基础》第一、二卷分别在1934年和1939年出版。

第一个跟希尔伯特作博士论文的学生布鲁门塔尔，是《希尔伯特全集》中希尔伯特传记的作者，他长期同希尔伯特交往，经常到哥廷根来。不久他逃到荷兰，后来被捕，1944年死在捷克的集中营里。

1939年9月，希特勒入侵波兰，许多人设法逃离德国。西格尔在1940年3月到挪威去之前向希尔伯特辞行，他发现希尔伯特夫妇没住在家里，而是躲在破旧的旅馆里。那时希尔伯特已经什么也记不起来了。

希尔伯特曾告诉法朗兹·莱理希说：

> 我年轻的时候总听到老年人喜欢说，过去那些日子多么美好，而现在的日子又是多么丑恶，我下定决心，我年纪大的时候，我决不会重复这些话。不过，现在我还是不得不重复这些话了。

的确，他辛辛苦苦培育起来的哥廷根学派现在已经被改造成为不再"玩弄学术"的场所。一次，法西斯的教育部长卢斯特问希尔伯特，现在哥廷根的数学怎么样，希尔伯特没好气地回答说：什么？我不知道哥廷根还有什么数学！

1942年年初，80岁高龄的希尔伯特在哥廷根的街道上摔倒，摔断了手臂。这次事故，导致他身体不能活动并且引起并发症，他在1943年2月14日与世长辞。而参加这位桃李满天下的大数学家葬礼的不过10个人左右。

战后，联邦德国也出现过一些优秀甚至天才的数学家，但是没有一位比得上希尔伯特，甚至克莱因、外尔、诺特、闵可夫斯基。为什么在那三四十年的"黄金时代"不仅数学家人才辈出，还出现了那么多的物理学家、化学家、生物学家、医学家，乃至大哲学家、艺术家、作家、音乐家？这个问题实在令人深思！

希尔伯特的全集只有三卷，第一卷收入数论11篇文章，第二卷收入代数学、不变式论、几何学29篇文章，第三卷收入分析、数学基础论、物理学16篇文章以及1篇数学问题，4篇传记文章，1篇哲学讲演稿。另外没有收入全集的有 20 篇左右的短文和他的 5 种书。他的文章和书大都是继往开来，影响长久不衰。例如：他的数论报告，几乎影响了三四十年的代数数论发展，成为许多论文的必引著作；他的《几何学基础》直到现在还在再版，成为数学家的重要读物。

他的形式主义思想体系大大扩展了数学的领域，在数学一切领域中推广公理化方法使得 20 世纪数学的面貌同 19 世纪迥然不同，19 世纪的数学较大量的工作仍是具体的数学问题，如椭圆函数及阿贝尔函数、方程论、不变式论、代数数域、数学物理方程、复分析、二维及三维的微分几何学及代数几何学等。到 20 世纪，形成了抽象代数及拓扑学两个数学的基础学科，数学的面貌整个改观。

20 世纪 30 年代起布尔巴基学派继承了希尔伯特的衣钵发展出数学结构的概念，使得数学更进一步深入而广泛地发展，并在结构观念之下，形成了一个统一体。回顾这段发展，可以看出正是希尔伯特开辟了这条道路。

（作者：胡作玄）

哈代

不仅仅是数学家

哥德符莱·哈罗德·哈代
（Godfray Harold Hardy，1877—1947）

哈代这个姓在英国并不罕见，当然，最享盛名的当推世纪之交的大诗人、大作家托马斯·哈代，而其次就属这里要介绍的20世纪上半叶的大数学家哈代。对于一个一生未婚，一门心思专搞数论某个难题的人本来没有什么好写的，但对于哈代，我们得另眼相看。首先哈代并非一个狭隘的数学专家，而是一位数学大家，现代解析数论的开拓者。尽管方法不断改进，结果不断翻新，解析数论却没有背离他在七八十年前所指的方向。再有，哈代是第二次振兴英国数学的革新者，如果不说是革命者的话。世纪之交的英国数学早已沦为二三流，正是通过哈代等人的努力，英国数学才跃居国际领先地位，除此之外，哈代对世界、对社会尤其对科学、对数学有一套独特的"怪"想法。一说怪，往往会令人想起某些无聊的怪人怪事，但哈代的怪是一种世界观，我愿称之为"哈代主义"。

一、小数学迷

哥德符莱·哈罗德·哈代于1877年2月7日生于伦敦东南部萨里郡的克兰累。他父亲艾萨克·哈代是克兰累中学预科部艺术教师兼财务主任及舍监。他的母亲索菲亚是林肯师范学校的高级教师。他的双亲都特别能干并具有数学头脑，他们都只是因为没钱才没能进大学受教育。他们育有一子一女。

小哈代从小对数字就很感兴趣，两岁时他就求他的父母教他把数字从 1 写到几百万。父母带他上教堂时，他就把赞美诗的号数来分解因子打发时间，这后来成了他终生的习惯，不管是车厢号码还是出租车的车号，他都研究研究，看有什么好的性质。

他和他的妹妹是在一所典型的幼儿园里长大的，这两个聪明的孩子总是用一些问题难住他们的阿姨。他们怀疑祈祷是否有用，圣诞老人是否存在，"圣诞老人送我礼物为什么还要把价钱标在上面？我的文具盒上标有 3s、6d（3 先令 6 便士）"。他们的父母教育孩子有自己的一套理论，给他们读的书不多，但都是名著。小哈代在幼儿园时已经能给他妹妹读《吉诃德先生传》《格列佛游记》和《鲁滨孙漂流记》了。保育员指点他们读、写，而从来没有教师教，他们的父母让他们自己学会一切。小哈代雄心勃勃，8 岁时自己就编写一张小报，其中有社论，有首相威廉·格莱斯通（1868 年、1880 年、1886 年、1893 年作为辉格党魁四度任首相）的演说，还有各种商业广告以及板球比赛的报道及投球的分析，这显示了他多方面的兴趣及才华。遗憾的是，这张小报在伦敦轰炸中化为灰烬。他还计划写一部英格兰史，由于材料太多没能完成，但现在还保存着他为这本书画的两幅精美插图，这也显示出他来自父母方面的艺术才能，不过他对音乐并没有什么兴趣。

他年纪相当大时才上克兰累中学。12 岁时参加第一次考试，并在数学、拉丁文及绘画方面取得优胜。当时克兰累中学教学水平很低，这样优秀的成绩极为罕见，于是他被送到温彻斯特，并在那里受到了赏识。这样，12 岁的哈代获得了温彻斯特学校的奖学金，这所学校在当时以及很久之后在英格兰都是数学教育最好的。这所学校很怪,数学课只有学院院长理查逊博士给他一个人上,古典学他也是班上最好的。正如维多利亚时代的公学一样,学校生活严格而艰苦,斯巴达式的训练差点使他送了命。虽然他后来不太情愿地承认他受的是良好教育,但他还是羡慕里特伍德那种在一般文法学校上学时所过的轻松愉快的生活。他恨这所学校,离开后从不愿再回去看看,不过他还是沿着学校为他规定的道路走下去,一直到进入剑桥大学三一学院。他读过马歇尔夫人的小说《三一学院研究员》,他想像小说中的主人公那样成为其中一员。

哈代对剑桥的生活和学习也不太满意,从牛顿时代到20世纪初一直是老一套教学方式,学数学就是为了通过所谓的数学荣誉学位考试,这种考试的题目都是一些机械性的难题,只要学生按部就班跟着学就能解出,并不需要有什么创造性和想象力。按照分数的顺序评出第一等第几名,第一名称为优胜者,他和二、三名一般都能立即被选为研究员(也有人译为院士)。选上研究员以后,他可以享受一定的待遇,七年里愿意干什么就干什么。

二、崭露头角

1896年秋,哈代进入三一学院,他就在这种体制之下接受训练,就像一匹赛马一样。每人有一位导师,他的导师是韦伯博士,许多考试优胜者出自他的门下。导师给他留大量的练习,并指导他解题的诀窍,头一学期他就感到这一切毫无意义。他一度想改行学历史,后来还是想找一位真正的数学家指点指点他,正如他在《一位数学家的自白》中所说：

> 拉夫教授第一次打开我的眼界，他教过我几个学期，使我对数学分析开始有了一个真正的概念。不过他毕竟主要是位应用数学家，他给我的最大教益还是他建议我去读若尔当著名的《分析教程》；我永远也忘不了我读这本伟大著作所带来的惊喜，他对我这一代许多数学家给予最早的鼓舞。在我读它的时候，我才第一次了解数学的真正含义何在。从这时起，我才走上了成为一位具有健康的数学志向，对数学具有真诚热情的真正数学家的道路。

1898 年，他在数学荣誉学位考试中得了第四名，虽然他认为这种考试是可笑的，但他承认，这个成绩使他恼火，他是位真正的竞争者，觉得自己应该能赢。到 1900 年数学荣誉学位考试第二部分（其中有一些真正的数学）时，他终于如愿以偿，得到第一等第一名，第二名是著名物理学家金斯。同年他也得到研究员资格。1901 年他和金斯获得史密斯奖金，这时，他的研究生涯正式开始。

从 1900 年到 1910 年他被选为英国皇家学会会员期间，他做了大量工作。这 10 年，他有足够的时间去搞数学研究，也不用为生活发愁。1906 年他被任命为讲师，1914 年任凯富讲座讲师。他在剑桥的第一时期一直持续到 1919 年。在这期间通常教两门课，一门是初等分析，一门是函数论，每周上六个课时。头一门课中的积分部分，后来成为他的第一本书《单变量函数的积分》。1905 年出版这本书的重要意义在于把系统化的欧洲大陆数学引进英伦三岛。比这本书影响更大的是 1908 年出版的《纯粹数学教程》，这本书给英国的数学分析奠定一个严格基础，形成了 20 世纪英国数学分析的面貌。这本书到 1952 年印行了 10 版，其中 9 版是他生前出版的，并且多次重印。虽然这本书比不上欧洲大陆一些大部头名著，但具有英国特色，是最早严格论述分析的英文书。

哈代在一生中主要从事数论及古典分析的研究，这决定了这个领域在 20 世纪发展的方向。但是，他对世纪之交数学的结构变化也十分注意，并进行了一定的研究及推广。从 1900 年到 1910 年，他写过 5 篇集合论的论文，着意于保莱尔及勒贝格等人的测度及积分理论，尤其推崇希尔伯特的数学工作、罗素等人关于数理逻辑的研究。

三、良师益友

到 1910 年，33 岁的哈代可以说是功成名就了。可是，这些成就充其量也不过是 19 世纪末的英国数学的最高水平，比起欧洲大陆的数学差远了。而其后 20 年的成就绝不仅仅是百尺竿头更进一步，而是把自己的数学同时也把英国的数学推向一个新高峰。比起这些成就来，前 10 年的百十篇论文可以忽略不计。他的这种中年跃上顶峰实在得力于他的两位合作者——里特伍德和印度奇才拉马努金。

1911 年结识里特伍德时，他 34 岁，里特伍德才 25 岁，里特伍德虽然只研究数学三四年，但其成就之大、实力之强绝不在哈代之下。里特伍德当然早就知道哈代，而哈代也不是当时才知道里特伍德的名字的。1907年1月1日，里特伍德第一篇函数论的论文，提交给伦敦数学会，文章中用初等方法处理了用高等分析方法所不能处理的0级整函数，使专家产生怀疑。第一位、第二位审稿人都反对发表，幸好哈代被指定为第三审稿人。正是他为这位年轻人的处女作开了绿灯。1910年里特伍德由曼彻斯特大学回到剑桥大学三一学院，1911年，他们开始了长达35年之久的合作，很快就产生一系列的成果，除级数求和理论之外，首先在丢番图逼近上取得突破。不久，这种富有成效的合作有一些停顿，原因是1914年6月第一次世界大战打起来，里特伍德到军队服役，同时印度神童拉马努金的到来正好填补了里特伍德留下的空缺。

拉马努金与我们所说的通常意义上的数学家不同，他有一种特殊的灵感和直觉，发现了成千个公式，却没有很好地给出通常意义的证明。许多数学家为证明他的一些公式伤透了脑筋，还是收效甚微，人们无法理解他是怎样"猜"出这些结果的。现在关于他的书已有十几种之多，拉马努金现象仍是数学中的一个谜。不过，最重要的是，要不是哈代"发现"了拉马努金，拉马努金这座数学宝藏真不知要埋没多少年！虽说哈代自己也对自己"发现"拉马努金评价甚高，但是这个"发现"却是拉马努金自己送上门的。

拉马努金比哈代小10岁，1887年12月22日生于印度马德拉斯坦乔尔区昆巴科南镇的埃罗德，他家属于印度最高种姓——婆罗门，他同家里人一样，严格遵守婆罗门教的戒律，最尊崇的神是纳玛卡尔女神。他的父亲在昆巴科南镇一个布商那里当会计，他和他的亲戚虽然种姓很高，但都很贫困。拉马努金7岁时到昆巴科南镇中学上学，一共 9 年。他不到 10 岁就显示出特别的才能，十二三岁时大家一致认为他不同寻常。还没有学三角时，他已独立发现欧拉的正弦、余弦公式，一直到后来他才在罗尼的《三角》第二卷找到这个公式，这使他很失望。在中学期间，由于条件所限，他没读过任何一本高等数学书，使他对数学感兴趣的书只有乔治·卡尔所写的《纯粹及应用数学的初等结果大纲》二卷，这本三流的教科书为他打开了一个新世界。书中有 6165 个定理，拉马努金一个一个去推导，求出证明。就这样他完全靠自学学完代数、解析几何、三角和微积分，但是很难说他懂得欧洲数学中证明的含义。

1903 年 12 月，他通过了马德拉斯大学的入学考试，1904 年 1 月，他进入昆巴科南镇行政学院文科初级班学习，并因英语及数学成绩优秀而获得奖学金。不过入学之后，听必修课时，他不专心听讲，一心研究他的数学，结果不能升到高级班，连奖学金也被取消了，他很失望。在朋友的劝说下，他到泰卢固去游学，没有成功，又回到昆巴科南。还是由于心不在焉，1905 年期终考试又失败了。1906 年他又进入马德拉斯市的帕查亚巴学院，不久生病回到昆巴科南。1907 年年底，他以自学资格参加初级文科考试，还是以失败告终。由于没有大学文凭，他一直没有找到一个固定职业，1909 年他结婚，感受到更大的经济压力。他托有势力的朋友帮他，一直到 1912 年才在马德拉斯港务信托局找到一个小职员的工作，年薪只有 20 镑。正在这时，他的文章陆续发表了，两位英国人帮他弄到 60 镑一年的奖学金，为期两年，这足够让已婚的印度家庭过上像样的生活了。

1913年1月16日，他写信给哈代，信中要求去英国，还寄去自己关于素数定理的研究以及一些未加证明的公式。哈代由这些不寻常的公式中看出这是个天才，于是他和内维尔教授花了很大力气，才使拉马努金得以成行。1914年4月拉马努金来到英国，哈代发现，他虽是位天才，但是没有接受过一点训练，他的数学知识完全靠自学，他不懂得什么是证明，也不懂得近代数学的严格性意味着什么。他和哈代谈数学还可以，谈到数学以外的事情就莫名其妙不知所云了。为了有共同语言，哈代耐心地教拉马努金一些正式的数学，大致相当于哈代在温彻斯特学院的水平。拉马努金没有听说过大部分近代数学，却有深刻的数学眼光，这对哈代来讲真是不可思议。他曾经说过，要是拉马努金受到更好的教育，那他就不那么像拉马努金了。后来哈代又反悔，他说这句话是胡说，应该改成：要是拉马努金受到更好的教育，他要比现在更神！不管怎么说，在一战时的黑暗岁月中，同拉马努金的交往实在是一种极大的慰藉。

拉马努金在英国5年间写了20多篇论文，其中有两人合作的5篇高质量的论文，哈代认为在这期间自己的创造性也得到了充分的发挥。他们的工作主要是数的分析，这是加法数论最老的问题，而在这个研究中，又创造了对华林问题至关重要的圆法。在这期间，他研究第二个古老的加法数论问题——平方和表法数问题。1917年夏，拉马努金病倒了，一直没有恢复。虽然哈代经常去看他，但他还是思乡心切，最终于1919年离开了英国，回到马德拉斯，1920年因肺结核去世。哈代第一个写出讣文，他十分怀念这位天才。在其后10多年里，哈代研究拉马努金的公式，整理他的工作，传播他的奇妙的数学。1927年由他主编的拉马努金文集问世。在第二次世界大战的艰苦岁月里，他的文集《拉马努金》（副标题是"关于其生平及工作的十二次讲演"）(1940)问世，这些都为传播拉马努金的思想做出决定性的贡献。恐怕可以这么说，没有哈代，也就没有拉马努金的数学。要知道在哈代之前，拉马努金曾寄手稿给两位英国数学家，但都被原封退回了。哈代不仅帮助拉马努金工作，而且帮助拉马努金获取他本不易得到的荣誉——1917年被选为剑桥三一学院的研究员，1918年拉马努金又被选为皇家学会会员。

剑桥大学三一学院可以说是英国数学的中心，不过哈代在这里并不很愉快，原因之一是罗素事件。罗素是他的老师和朋友，他不仅信奉罗素的数理逻辑，也同情他的政治思想，特别是反战态度。1916年剑桥三一学院因罗素的反战活动而取消了他的讲师资格。哈代、里特伍德等22人联名反对未成，1919年罗素出狱后也未能恢复讲师资格，这一事件令哈代感到气愤，所以当牛津大学为他提供赛维里讲座几何学教授职位时，他二话没说就去了牛津。在二战期间，他出版了《罗素与三一学院》(1942)一书，这是这一事件的唯一记录。

四、从牛津到剑桥

1919年秋，哈代移居牛津大学新学院居住。当时新学院人数不多，彼此之间亲密无间，牛津同人的友好气氛使他感到如在家一样温暖，这是他在剑桥时从来没有感受过的。他们常常一起谈论各式各样的问题，并且参加各种体育活动。许多人急于想听他谈论什么，他们接受他的怪癖，他们知道，他不仅是位伟大的人物，是个好人，也是一个十分有趣的人。这反过来使他谈话的本领日臻完善，谈话成为他喜欢玩的一种游戏，有时候听的人往往不太容易了解他的真正意见究竟是什么。在牛津期间，他也参加许多政治及社会活动。他的政治态度比较激进，有人传言他的房间里有一幅列宁像。他的观点不系统，有些观点来自罗素，另外一些则是他固有的。他出身于知识分子家庭，接触的多是上层资产阶级人士，他似乎不太喜欢这些人的市民习气，他的行为举止更像贵族。他也喜欢同下层人物打交道，而不喜欢主教、法官、政客等社会中坚。他对像拉马努金这样的人非常友善。从中学时期，他已经不信教了。有意思的是，他把上帝看成他的敌人。为了表示他的信念，他一度担任社会公职。1924年到1926年，他任科学工作者协会主席，这是一个相当于工会的组织，他自嘲说，这是一种奇怪的选择，因为自己是"世界上最不实际的职业中最不实际的一员"。不过，正如后来 C. P. 斯诺所说，在重大问题上，他并非那么不实际。

在数学界，他也从事许多有益工作，他演讲和写作都很出色，他的著述深入浅出、耐人寻味，在传播数学知识方面做出许多贡献，在他自己研究以外的领域也发表过许多通俗文章，例如1925年在《数学杂志》上发表的《几何学是什么》。同时他也整理许多零散问题成为新方向，突出的是他与里特伍德和波利亚合著的《不等式》(1934)。1928年，格莱舍尔去世，其编辑的《数学信使》及《数学季刊》自动停刊。于是他在牛津筹办《数学季刊》牛津版，这个杂志对英国数学特别对牛津数学的发展有着极大助益。1926年到 1928 年，他第一次被选为伦敦数学会主席（1939 年到 1941 年，他再次被选为伦敦数学会主席）。其谢职演讲就是论不等式的。在这前后他几乎连续担任数学会的执委会委员或秘书，可以说是伦敦数学会活动最积极的参加者。从 1917 年任该会秘书以来，他几乎一次不落地参加每一次学会活动，听完每个报告，执委会开会也是每次必到，从不缺席。1929 年他荣获学会最高荣誉德·摩根奖章。

在牛津期间，他开始培养学生，许多未来英国数论及分析大家出自他的门下，如梯其马什、达文波特等人。他们、他们的学生、他们学生的学生一直使英国的解析数论在世界上独占鳌头。

1928 年他被请到剑桥做有关卢斯·鲍尔的演讲，演讲的题目是"数学的证明"，这反映出他对数学基础的兴趣。他的思想主要来自罗素，他在牛津也多次给哲学家讲述数学基础，引起广泛兴趣。1928—1929 年度，英美两国交换学者，哈代到美国普林斯顿大学和加州理工学院任访问教授。

牛津时期是他数学研究取得丰硕成果的时期，其中最突出的成就几乎都是他和里特伍德合作得到的。这时，他和里特伍德一人在牛津，一人在剑桥，几乎完全靠通信来合作。这种数学史上最富有成果的伟大合作是怎样进行的呢？丹麦数学家哈拉德·波尔在一次讲演中曾讲到他们的合作遵守四条公理：

1. 当一个人写信给另一个人时，所写的是对还是错不必介意。

2. 当一个人收到另一个人的信时，他并不非得去读它，更不用说答复了。

3. 假如他们同时都想到同样的细节，虽然说这实际上没什么关系，但最好还是不要这么干。

4. 在他们联名发表的论文中，如果其中一人连一点贡献也没有，那也完全不要紧。

他们几乎很少背离这些公理，通常是里特伍德把所有数学的要点的骨架都搭好，写成倒数第二稿，然后哈代加进所谓"空话"，按照哈代所擅长的，写成一篇漂亮论文。哈代往往把功劳的一半归功于他的合作者，他总是称赞他的合作者，尤其是拉马努金及里特伍德。但不难看出，哈代往往起着舵手的作用。他的哲学及眼界常常决定后来一门学科的发展方向。里特伍德少有的结合技术和能力以及攻坚本领使这两位大数学家的合作相得益彰。

五、重返剑桥

1931年4月，剑桥大学教授霍布森退休，遗下塞德勒讲座纯粹数学教授职位，剑桥大学聘请哈代就任。出乎人们意料，哈代接受了聘请，于1931年秋重返剑桥。据斯诺分析，其中有两个原因。头一个原因也是决定性原因，归根结底剑桥究竟是英国数学的中心，作为英国最伟大的数学家，理应就任数学界最显赫的席位。第二个原因也许更实际一些，54岁的哈代考虑他的年老和退休问题。在牛津新学院，他在65岁退休之后就得从办公室及住所迁出腾给他的继任人，而在剑桥三一学院，他可以住在那里一直到死。对于年过半百的哈代来说，虽然还很快乐，虽然还富有创造力，但终究岁月不饶人，现实的考虑还是必要的。1931年以后，他发表的论文数量减少了，占他论文总数约300篇的三分之一还少，而且大部分是合作的，特别是同里特伍德合作。不过，作为一位成熟的数学家，却写了五部专著，另外还有两本书。这些专著多次再版，影响一直不衰。尤其是与莱特合著的《数论导引》（1938年第一版，1945年第二版，1954年第三版，1960年第四版，1979年第五版，多次重印），至今仍是最好的数论入门书，在上百种同类书中，仍是首屈一指不能替代的。

20世纪30年代的西方社会处在一个极为困难的时期，大萧条的蔓延使广大人民的物质生活贫困而艰辛，希特勒在德国掌权使得政治形势变得更加尖锐复杂。也正是在这时候，以哈代、里特伍德为首的剑桥数学学派再次使英国数学复兴。这时剑桥不仅是英国数学的中心，而且也成为国际性的中心。由于法西斯上台，哥廷根以及柏林、汉堡作为国际数学中心的地位急剧衰落，代之而起的是法国的巴黎、丹麦的哥本哈根，美国的哈佛及普林斯顿，同时苏联的莫斯科及列宁格勒以及波兰的华沙也都形成各自的中心。但是在30年代，所有这些中心都比不上剑桥。来往于剑桥的不仅有世界著名的物理学大家如索末菲、玻尔、玻恩、英费尔德等，而且老一代及年青一代数学家更是这里的常客。各国数学界的头面人物如法国数学家班勒卫、弗莱歇，德国数学家兰道、外尔、柯朗、哈塞，美国数学家伯克霍夫、维布伦、亚历山大、维纳以及H. 玻尔及卡拉特奥多里等。在此期间，中国的华罗庚和柯召也在剑桥进修，他们都得到哈代的支持和鼓励。

1936年秋，哈代到美国参加哈佛大学300周年校庆活动，以拉马努金为题做了一系列演讲，这些演讲连同在普林斯顿大学及剑桥大学的讲课内容凑成 12 篇结集后于 1940 年出版。这本书不仅全面介绍拉马努金在各方面的工作,而且是数论专题的导引,许多章节还包含拉马努金以后 20 年的成果。

在 30 年代,哈代仍像过去那样过着他那种独特的"年轻人"的生活。他喜欢体育运动,好打网球,但最着迷的是板球,除数学之外,板球可以说是他最关心的对象。他不仅自己打,而且天天注意板球各种比赛的结果及得分情况,以至于著名经济学家凯恩斯说,要是哈代每天花半小时看股票交易行情像他读板球得分那样专注和认真,他早可以成为大富翁了。

哈代这种健康的生活到 1939 年打上了终止符。1939 年他突发心肌梗死而不得不放弃自己喜爱的运动。第二次世界大战爆发更使他又回到第一次世界大战时的心态。他的反战观点没有改变,情绪更加抑郁,他的一位密友的惨死更使他忧伤,这一切的共同作用使他的数学创造性也逐步丧失了。在这样的心境之下,他写了《一位数学家的自白》(1940),整理出版了《拉马努金》(1940),许多朋友特别是斯诺离开剑桥去白厅参加战时工作尤其使他感到孤独。他一生未婚,由他的妹妹照顾他的生活。有一次斯诺来时劝他写下上次世界大战时罗素及三一学院的故事,哈代觉得这是早已过去的事情,斯诺等人的目的是让哈代干点有意义的事排遣烦恼。1942 年《罗素与三一学院》问世,但只在私下流传,这也是哈代对学术界历史的一个贡献。斯诺还劝哈代写另一本小书《板球场一日》,记述他一整天看板球比赛的心境,然后展开来论述比赛、人的本性乃至生活本身。哈代以前曾多次答应写,但是最终没有写成。斯诺在整个二战期间在伦敦工作时，都借住哈代的单元房，但他来看望哈代时，哈代从来不问他的工作，这反映了他对战争的厌恶。

1942年哈代从教授席位退休。这时他除和里特伍德合作继续以前的研究之外，还和他的学生罗果辛斯基一起研究傅立叶级数，他们合著的《傅立叶级数》于1944年问世。他的最后一本著作《发散级数》于1949年他去世后出版，这是他从一开始从事数学研究就感兴趣的题目，也是他半个世纪研究的总结。

战后哈代的身体并没有好转，情绪仍然低落，但他听说斯诺回来写书时非常高兴。他说，对于一个严肃的人来讲，创造性的生活是唯一的生活，他自己仍想恢复原先那种创造性的生活，但是已经不可能了。1947年夏，哈代病重，连从房间里走到客厅里都很吃力。他收集巴比妥片（一种安眠药），企图自杀，但没有成功。哈代的另一位密友、希腊文教授罗伯森要求斯诺常来看他，跟他谈谈。的确，躺在病房里的哈代，需要有人帮他。斯诺差不多每个星期都去看他，而且总是谈起板球，这几乎成了他死前唯一感兴趣的话题。哈代的话不多，但每一次都谈到死，他不怕死，准备好面对死神来临，静心等待，不再尝试自杀。1947年11月，他听说皇家学会授予他最高荣誉——柯普莱奖章，他咧嘴做出一个神秘的微笑，这是他住院时很难见到的。他意识到这是他人间喜剧的终点：

当人们急于要给你什么荣誉之类的东西时，这是能得到的唯一的结论。

1947年12月1日清晨，他突然去世。去世前，他还想知道板球比赛的得分。

六、爱憎分明

哈代出生于维多利亚的极盛时期，许多英国人都把那段时光当作太平盛世来回忆，充满留恋之情。但是他壮年时期却是两次世界大战及其间歇期。这是个科学、数学、艺术、哲学，总之是人的创造性无比高扬的时期，广义相对论及量子力学就是这个时期的产物，可是其背景却是社会、政治、经济的大动荡，从共产主义到法西斯主义，从国际主义到国家主义，从自由放任到国家干预，都要求人们面对并做出选择，而像哈代那样的专家，完全可以躲进数论这个象牙之塔里去。哈代与当代许多狭隘的数论专家不同，对于专业外许多事物有着极大的热情，对于几乎所有人类活动都有着明确的好恶和取舍，真正可以说是爱憎分明。梯其马什曾列举如下：

喜爱：

1. 板球和各种球类运动。

2. 美国，虽然可能他只接触到其光明的一面。

3. 斯堪的纳维亚半岛，其人民和他们的食物。

4. 侦探故事。

5. 好的英国、法国文学作品，特别是历史及传记。

6. 散步及爬山，特别在苏格兰和瑞士。

7. 谈话。

8. 奇特的小纸条游戏，如列举出所有名人，他们的名字以某些字母组合打头或者他们都属于某个国家、某个城市或某个学院。他能在旅馆里或散步时一玩玩几个小时。

9. 妇女解放及妇女受高等教育（虽然他反对授予牛津妇女以大学正式成员资格）。

10.《泰晤士报》的纵横字谜。

11. 太阳。

12. 做所有事情都井井有条，除服装之外。他有一个大的工作室，有许多图书还有成堆的论文散在房间各处，但是他知道什么东西放在哪里以及某本书在书架上的精确位置。

13. 各种年龄和各种类型的猫。

憎恶：

1. 所有的流血运动、战争、各种残酷行为、集权政府的集中营以及其他。

2. 机械的小玩意儿，他从来不用表或自来水笔，除非在非打不可的情形下才打电话。他的通信主要靠预付电报及明信片。

3. 镜子，他的所有房间都没有镜子，他每次住旅馆，走进房间第一件事就是用浴巾把镜子盖上。

4. 正统宗教，虽然他有几位宗教界朋友。

5. 英国气候，除非是炎热的夏天。

6. 狗。

7. 羊肉——这是温彻斯特学校的遗产，那时他们按照规定一星期吃五天羊肉。

8. 作为一个阶级的政治家。

9. 任何一种赝品,特别是精神的赝品。

他经常说,他的上帝是他的敌人,这种态度在英国也被认为是大逆不道的。他甚至连教堂都不进,按规定是需要进入教堂选举新学院的院长,他因此也不参加。在政治上,他反对法西斯主义,在他表示的六个愿望中,有一条就是处决墨索里尼。他对资本主义制度也极为反感,这与他激烈反对有用的数学是有关系的。他明确地反对种族歧视,1934年德国数学家比伯巴赫配合纳粹的宣传,大谈人种类型与数学的关系,把纳粹特别加以宣扬的人种学与种族心理学应用到数学中去。哈代马上在《自然》杂志上发表文章据理力争,痛斥这类无耻谰言。但也可能正是这种态度,他也没有成为一名左派。

七、哈代主义

既然哈代对于任何事物都有自己的看法,对于他最喜爱的数学当然也不例外。关于数学的观点一般可分为两个部分:一是对数学本身的看法,也就是数学是什么;二是对数学与社会关系的看法,也就是数学的社会功能如何,我们应该发展什么样的数学。在后一方面,哈代代表一种极端的观点,我们可以称之为哈代主义。在《一位数学家的自白》中他说:

我从来未做过任何有用的事,既没有给世界带来欢乐,也没有带来灾难。

他讲这话时绝对没有任何抱愧的心理，相反，他是以此为荣的。不仅如此，他在纯粹数学与应用数学之间划一条界限，他宣称，真正的数学就是无用的数学，激烈反对应用数学。他说：

> 的确存在许多应用数学的分支，例如弹道学和空气动力学，发展这些学科是为了战争……这些分支没有一个可称得上是"真正的"数学。实际上它们丑恶至极，令人极端反感，干燥无味得让人受不了，连里特伍德也不能让弹道学变得让人能看得过去，要是里特伍德都不能做到，那谁还能做到呢？

实际上，从美学角度来看纯粹数学的数学家是不少的，后来的布尔巴基学派以及许多大数学家都是这么看的，而且他们所研究的数学要比哈代的解析数论漂亮得多。他们以纯粹数学自豪，把应用数学家看成二等公民是不难理解的。但是哈代的想法有着更深的考虑，实际上，他反对一切应用科学，他在1915年说得很明白：

> 一门科学叫作有用的，如果它的发展或者更加重财富现存的不均衡状况，或者直接地促使人类生存的毁灭。

他后来的观点有些改变，承认科学不全是为非作歹，也可以为善造福。但他认为数学特别是数论的确是唯一一门出淤泥而不染的纯粹科学，也就是任何坏事绝怪不到数论头上。他特别反对那种普及的、有用的数学,这是针对霍格本的。霍格本是左派,他写过一本《百万人的数学》(1936),倡导大家都懂的、有用的数学。而哈代斥之为无聊的数学。哈代提倡高级的数学,他称之为真正的数学,只有少数人能欣赏及创造的数学。

他首先提出的问题是数学是否值得去干。他说这个问题分为两个方面:一是他做的工作是否值得干,二是他为什么去干。他首先回答第二个问题,他说标准的答案有两个,一是"它是我能干好的唯一事情",一是"我没有什么事干得特别好,我碰巧干了这事而没有机会干别的事"。这里他强调了数学是年轻人的事业,没什么人过50岁还能取得重大突破。他对第一个问题的回答是:

1. 数学具有"无害性",他说"研究数学,即使不能获利,也是一种完全无害和纯洁无瑕的职业"。

2. 少数人浪费时间去研究数学不会形成很大的灾难。

3. 数学成就具有永恒性。这是他引以为荣的动机。

有了这些理由,加上三个推动力——智力上的好奇心、职业上的自豪感以及野心勃勃的志向,会使有才干的年轻人走上研究数学的道路。这就是哈代主义的实质。

有意思的是,哈代去世30年后,有人发表文章《应用数学家哈代》,用哈代自己的工作反驳哈代自己的观点。1908年哈代在美国科学杂志《科学》上发表一篇小文章,这篇论文在数学上极为简单,但其结果却是群体遗传学的基本定律——哈代-温伯格定律。说来这也是科学史上重要的一页,这里只能讲个梗概。1900年科学史上的重大事件除普朗克发现量子理论之外,就应该说是孟德尔定律的再发现。与许多科学史的叙述不同，1865年的孟德尔定律被科学界接受远非一帆风顺，当时不仅有激烈的反对者，而且在拥护者阵营当中也不乏在这个方面或那个方面反对孟德尔的科学家，有的人反对孟德尔定律本身，有的人反对遗传因子理论（基因概念的前身），有的人干脆就讨厌孟德尔的数学。

在英国，以卡尔·皮尔逊为首的生物统计学派激烈反对孟德尔的理论，他们引进先进的统计方法，倡导连续变异学说。而他们的对立面贝特森则倡导非连续变异学说，孟德尔理论的再发现，无疑为他们提供理论及实验基础。他们争论的焦点是：变异是如何遗传到后代的？换句话说，显性基因与隐性基因的比例是否在每一代发生变化？也就是说，很罕见的基因最后是否会被消灭掉？贝特森的合作者、孟德尔学派的代表人物潘内特虽然意识到生物统计学派的比例变化观点不对，但没有把握，于是就去请教同在剑桥工作的哈代，哈代立刻就推出：在随机交配的大群体中，显性基因与隐性基因的比例在每一代均保持恒定，除非受到外界干扰。因此即便是最稀有的基因形式也可以保存下去。由于英国的权威杂志《自然》把持在生物统计学派的手中，潘内特劝哈代把文章投向孟德尔主义流行的美国的相应杂志《科学》。1908年这篇只有两页的论文发表了。潘内特在他1911年版的《孟德尔主义》中把这规律正式命名为哈代定律。但是，几乎同时德国斯图加特市的医生温伯格在德国刊物上发表同样的规律，这一直到1943年才为斯特恩注意到，其后才称为哈代－温伯格定律。实际上，美国生物学家卡索在1903年也发表过同样的见解。哈代的极初等数学对生物学的影响是不能低估的。

潘内特求教于哈代并没有到此为止,哈代还帮他写过另一篇著名论文《消除弱智》(1917)。其出发点是这样的,既然随机杂交不能消除掉"坏"基因,通过人为或环境的干扰,例如非随机交配、选择、迁移等方法可以最终消除掉某些稀有基因,如果这样,基因频率的减少速度为何?哈代给了他一个公式,告诉他这也并不快,而且越来越慢。拿弱智来说,通过选择交配方法,由1%降到0.1%需要22代,由0.1%降到0.01%再需要68代,由0.01%降到0.001%又需要216代……这是哈代不自觉地通过应用数学对生物科学做出的贡献。正是这些他认为不起眼的想法,使他的名字远超出纯数学的范围而对人类做出贡献。

这个故事仿佛是个小小的讽刺。但是哈代与另外两类数学家或科学家不同。一类主张为数学而数学,是因为他们热爱数学,把它当成唯一的价值,当成逃避一切世间喧嚣的象牙之塔,他们不考虑他们所钟爱的学科与社会的关系,这是完全消极的态度;另一类是功利主义者,他们考虑他们所研究的东西与社会的关系,也特别认识到这给自己带来的好处,这是一种入世的积极态度。哈代身处乱世,他对为什么要研究数论希望有一个让自己满意的答复。当时各种思潮从左到右纷纷扬扬,像贝尔纳等人明确地把苏联的科学看成未来科学的方向,有的"剑桥左派"如菲尔比等甚至成为苏联的间谍。但是哈代仿佛意识到他们必将吞下苦果(正如海尔登无法把他的科学同李森科之流的意识形态相调和),他采取一种积极的消极态度,一种袖手旁观的不合作态度。不过,正好在欧战正酣的1940年抛出《一位数学家的自白》真是不合时宜,难道越来越多数学家参加战时研究有什么不对头吗？而且从那时起，包括数论的所有数学分支，无论在战时还是在平时都越来越有用。对此哈代主义无能为力，一点办法也没有，这的确是哈代的悲剧，也是哈代式的悲剧。

（作者：胡作玄）

哥德尔

当代最伟大的逻辑学家

库尔特·哥德尔
(Kurt Cödel, 1906—1978)

哥德尔的名字可以说是尽人皆知了，他在逻辑方面的工作以及它对计算机科学的影响，使他声誉日隆。但正如他的好友爱因斯坦一样，人们在称颂他们的伟业之时，对他们思想的了解似乎并不太够。对爱因斯坦近半个世纪的研究，这个空白已经得到相当的填补，而对哥德尔的研究应该说才刚刚开始。近10多年来一系列的工作开始显露这冰山的一角。

哥德尔最著名的工作当然是他的不完全性定理，其标准陈述如下：

> 第一不完全性定理，设 T 为包含算术的形式理论，则存在一个命题 φ，它断言自身的不可证明性，且
> (i) 如 T 是协调的，$T \nvdash \varphi$
> (ii) 如 T 是 ω 协调的，$T \nvdash \to \varphi$

其中 $\nvdash$ 表示在 T 中不可证明。这里协调即无矛盾，这是哥德尔命题的原始形式，1936 年罗塞尔把（ii）中较强的 ω 协调改为简单的协调，但这时 φ 更复杂了，从而得出我们通常的解释，包含算术的协调的形式理论中总含有不可证明的命题。

第二不完全性定理，设 T 为包含算术的协调的形式理论，则

$T \nvdash \text{Con}_T$

这里 Con_T 为断言 T 的协调性命题。这一定理彻底推翻了希尔伯特证明论的纲领。

据对卡尔纳普遗稿的研究，早在 1930 年 8 月，哥德尔已经告诉卡尔纳普他的配数法并宣布他的第一不完全性定理。当时卡尔纳普和哥德尔同在维也纳，他是哥德尔要好的朋友之一（有意思的是，后来在美国他们几乎没什么来往）。第二不完全性定理则是 1930 年年底的事。哥德尔的结果是划时代的，开创了当前数理逻辑划分为模型论、公理集合论、递归论及证明论的新格局。

一、布吕恩的生活（1906—1924）

库尔特·哥德尔生于布吕恩（今捷克布尔诺），当时属于奥匈帝国的摩拉维亚省。这个区域当时主要居住着捷克人，但是也有少数讲德语的日耳曼民族。这个捷克城市产生过不少伟大人物，最著名的是近代遗传学之父孟德尔、物理学家及哲学家马赫、捷克第一任总统马萨里克及奥地利总理克赖斯基（1970 年至 1983 年间任总理）。哥德尔的父母都是来自德奥的移民，他的父亲鲁道夫是来自维也纳的移民，到布吕恩的繁荣的纺织工厂谋生，最后成为布吕恩一家主要纺织厂的经理而且也成为股东之一。他的母亲玛丽莲·汉德舒出身自德国莱茵地区纺织工人的家庭，她父亲到布吕恩也是经营纺织

业的,她本人在布吕恩的法国学校受到广泛教育,一生保持着高雅的文化趣味,这对她的两个儿子有着良好的影响。她的两个儿子诞生时,哥德尔一家已是小康之家。长子也叫鲁道夫,是位著名的放射科专家。

哥德尔的父亲是位"老"天主教徒,母亲是路德新教徒,哥德尔本人则是在路德教会做洗礼的,哥德尔虽然不参加教会活动,但却是有神论者而不是泛神论者。在他的遗稿中保存着两本神学笔记,据他夫人讲,他星期天在床上读《圣经》,这些可以说是他在精神上的一种追求。

哥德尔1906年4月28日出生。1912年,6岁的哥德尔被送往当地的路德教国民学校。这时他是一个多病的孩子,八九岁时得过风湿热,使心脏受累并得了支气管炎。他上学时多次请假,1915—1916学年体育免修。也许因为身体的原因,他颇为羞怯、敏感,在智力发展上很不错,很好问,在家里被称作"为什么先生"。从1916年起,按德国文化教育传统,他进入以德语为教学语言的国立实科中学学习8年。在中学里他显示出来突出的才能,所有功课都是最高分,而数学、语言和宗教课特别优秀。他思考严密的特点从他保留的几何作业中可以看出来。另一方面,他在学校有着拉丁文法从不出错的名声,而几何和拉丁文是使大多数受传统教育的中学生头痛得哭鼻子的学科。他不只是一个埋头课业的学生,在图书馆里,他大量阅读,广泛涉猎,接触了各种各样的文化科学知识。1919年到1921年,他学习了伽贝尔斯伯格式速记法,他的许多笔记都是用这种速记法写的。到十四五岁,他看到一本微积分的书而表现出对数学的特殊兴趣。1922年，他开始读康德的某些著作，他后来谈到，在他读过的哲学著作中，只有康德对他的发展最为重要。

上大学之前哥德尔自学了不少数学知识，而物理方面的兴趣只是受一本论述德国大文豪歌德的书的影响。他开始研究歌德关于颜色的理论及他对牛顿学说的批驳，最后哥德尔赞成牛顿的见解。这件事间接影响他选择职业。哥德尔接受基础教育时，爆发了第一次世界大战。虽说奥匈帝国是主要参战国，但东方和南方的战线都远离布吕恩地区，使得他的家乡没有遭到战火的破坏。随着1918年11月奥匈帝国战败和帝国垮台，摩拉维亚地区并入新建立的捷克斯洛伐克共和国，哥德尔一家成为捷克公民，布吕恩也按捷克语改称布尔诺。战后在德、奥出现的紧张的经济及政治形势似乎对捷克影响不大，哥德尔一家的生活仍一如既往。这个时期，他们定居在一幢别墅中。1920年哥德尔的哥哥到维也纳上学并定居下来。1920年2月哥德尔的父亲去世，母亲到维也纳同两个儿子一起住。这时哥德尔本人正式放弃捷克公民权并于1929年6月取得奥地利的公民权。1937年他母亲回到老家居住，到1944年又回到维也纳同他哥哥一起生活。在这期间，哥德尔曾几次回家乡旅游，1940年到美国以后，他再也没有回过欧洲。

二、维也纳求学（1924—1939）

1924年10月，哥德尔离开家乡布尔诺来到维也纳上大学哲学系，主攻理论物理学，打算取得这门学科的学位。但他听课比较杂，除物理课之外，还听数学课及哲学课。福特温格勒的数论课对他有很大影响,课中讲到的中国剩余定理对于哥德尔定理的证明至关重要。当时维也纳大学主要的物理学家是汉斯·特林,他主讲相对论,这可能是哥德尔最早的相对论教育。1924 年到 1926 年,他主要看物理书。1925 年 1 月他借阅康德的《自然科学的形而上学基础》(1785)表明他对物理哲学的早期兴趣。1925—1926 学年他听贡佩茨的哲学史课程,贡佩茨的父亲是著名哲学史家。而他最主要的活动则是参加石里克小组的活动。石里克小组即后来所说的维也纳学派,或逻辑实证主义、逻辑经验主义学派,其中心人物石里克是德国物理学家、哲学家,1922 年被维也纳大学聘请担任专为马赫设立的归纳哲学讲座教授,1924 年起他在维也纳组织讨论班,研究罗素数学哲学著作。1924—1925 年讨论班的题目是罗素和怀特海的三大卷《数学原理》,可能哥德尔没有参加,据哥德尔后来回忆,他到 1929 年才开始研究这部著作。不过他参加石里克小组无疑是把他从物理引向数学乃至数理逻辑。

1925—1926 学年,他参加石里克数学哲学讨论班,研究的题目是罗素的《数学哲学导论》,第二次聚会结束时,石里克问哪一位学生愿意在下一次会上做报告,哥德尔自告奋勇地担当这个任务。

1926 年秋,他成为石里克小组(即维也纳学派)的一员。他承认维也纳学派"激发我对基础的兴趣",从 1926 年到 1928 年,他几乎没有间断地参加每两周一次(星期四)的小组活动,但是他并不积极参加讨论,后来就逐渐脱离开。不过,他仍然保持与小组的某些成员的私人接触,特别是德国哲学家卡尔纳普,这个期间他阅读过奥地利哲学家维特根斯坦的《逻辑哲学论》,他没有读完这本书,他从 1925 年就持有的实在论立场与维特根斯坦及维也纳学派大相径庭。也就在这一年，哥德尔的主攻方向由物理学转变为数学，对精确性的关注，使他从物理学转到数学，之后又转到数理逻辑。这时维也纳大学的数学专业有三位正教授：维尔廷格是分析专家，以阿贝尔函数著作知名；福特温格勒是数论专家，20 世纪初曾证明希尔伯特猜想的许多类域论定理；哈恩是实函数论专家。实函数论是奠基于康托尔的集合论的法国实函数论学派的伟大创造，该学派成员包括保莱尔、B. 拜尔等。哈恩成为新派数学的领袖人物，他后来也是哥德尔的博士导师，是维也纳学派的重要一员。

除教授外还有副教授及讲师：拓扑学家门格尔，他也是近代维数论的奠基人之一，在荷兰跟从布劳威尔研究两年之后，于 1927 年回到维也纳并升为副教授；迈耶也是拓扑学家，1929 年 12 月到 1934 年曾同爱因斯坦合作研究；维托利斯，还是拓扑学家；海莱，是实分析专家。他们都是哈恩的学生。

1927 年秋天，哥德尔听了门格尔讲授的"维数论"。但他这时期的兴趣，集中于数论，他读过不少数论著作，他的数学知识及才能在同学中也是小有名气的。门格尔回到维也纳后，成为一位杰出的组织者。1928 年秋天以后一直不定期地举行集会，为使年轻数学家有机会发表他们的成果。1929 年 10 月 24 日，门格尔讨论会正式开始举办，除生病或不在维也纳的人，大家都要参加。哥德尔是这个讨论会的积极参加者，他在会上发表了几篇论文，热心讨论各种数学问题，并结识了许多朋友。哥德尔还参加了讨论会记录的编辑工作。

1928年3月10日及14日，荷兰数学家布劳威尔来到维也纳作了两次讲演，第一次的题目是"数学科学及语言"，第二次是"连续统的结构"。哥德尔似乎应当听过，并受到一定的影响。大约从这时起，他的兴趣又从数学转向了数理逻辑。1928—1929冬季学期，卡尔纳普讲授"算术的哲学基础"，从这时起，哥德尔开始系统地阅读数理逻辑的著作，10月份他借阅过德国数学家施罗德及弗雷格的著作。1928年出版的希尔伯特和阿克曼所著的《理论逻辑纲要》更是对他有决定性的影响。这本书简单明快地介绍了数理逻辑的基础知识，而且第一次明确提出谓词演算的完全性及可判定性问题。他很快就解决了第一个问题——证明谓词演算的完全性定理，并且用这篇论文申请博士学位，并于7月6日得到导师批准，10月15日呈交给哲学系主任，1930年2月6日正式得到博士学位。这篇论文经过修改后（主要是加上了紧性定理）于10月22日投递给《数学与物理学月刊》，于1930年发表。他的完全性结果还在1930年5月14日的门格尔讨论会上报告，并于1930年9月6日在哥尼斯堡会议上宣读。这是哥德尔取得的头一个成就。

至于可判定性问题，他在1930年得到部分结果，这一问题与他的不完全性定理有关。1929年哥德尔开始阅读罗素和怀特海的三卷本《数学原理》，他也考虑希尔伯特纲领以及其中提出的特殊问题，特别是分析的无矛盾性问题。1930年对他是有决定性意义的一年。1930年8月26日他同卡尔纳普、费格尔和魏斯曼在帝国议会咖啡馆里谈到他的发现，即《数学原理》系统的不完全性、无矛盾性证明的困难。三天之后，他们重新相聚，哥德尔向卡尔纳普讲述自己的发现。后来他们几位连同哈恩及格瑞林一起搭火车去史万尼木德,再乘船去哥尼斯堡,参加第二次精密科学认识论会议(9月5日至7日),同时召开的还有德国科学家及医生联合会第九十一次年会和第六次德国物理学家及数学家会议。这短短的三天会议有着丰富的内容,在数学哲学的发展史上是极为重要的里程碑。第一天卡尔纳普、海丁(荷兰数学家,直觉主义的代表人物)及冯·诺伊曼,分别做了论述逻辑主义、直觉主义、形式主义的报告,魏斯曼做了题为"数学的本质"的报告。第二天有赖兴巴赫(德国哲学家,逻辑经验主义代表人物)、海森伯(德国物理学家、量子力学的创立者之一)做报告,哥德尔也在会上发表了他的不完全性结果。第三天讨论第一天的报告,哥德尔参加了讨论(他还为前三个报告写了文摘评论),在会议临将结束时,他批判了形式主义观点并宣布了自己的不完全性结果。其后,他同冯·诺伊曼私下谈话,冯·诺伊曼立即理解了哥德尔的证明。此后冯·诺伊曼不仅成了他的终生好友,而且也是他的理论的传播者。11月20日冯·诺伊曼告诉他,德国数学家施密特听到他的结果后极为兴奋,认为是"长期以来最伟大的逻辑成果"。1930年9月9日希尔伯特做了题为"对自然的认识和逻辑"的报告,最后以满怀信心的警句"我们必须知道,我们将会知道"作为结尾。此时,希尔伯特在他的家乡获得"荣誉市民"的称号,这成为他伟大一生的光辉顶点。哥德尔听了他的报告,这也许是他唯一一次见到希尔伯特。他们没有谈过话,也没有通信,不过希尔伯特的美丽梦想却已经遭到了哥德尔的致命一击。

哥尼斯堡会议结束后,哥德尔改进他的第一不完全性定理,随即获得第二不完全性定理。哈恩把他的论文摘要于 1930 年 10 月 23 日提交给维也纳科学院。全文于 11 月 17 日送去发表，1931 年在《数学与物理学月刊》上登出。这篇论文是第一部分，他计划写出第二不完全性定理作为第二部分，但是他从未发表第二部分，因为他觉得他的证明摘要已为大家所接受而作罢。

哥德尔在 1931 年 25 周岁之前，已经完成他三项逻辑上伟大成就中的两项，其后四五年间，他推广并讲演自己的结果，继续研究一些数学、物理特别是逻辑的问题，有些在门格尔的讨论会上发表。他写了不少文摘评论，这些文字反映出他的学术观点。同时，他也协助哈恩教授主持讨论班，并读哈恩的《实函数》二版的校样，这本书出版后，哥德尔写了书评。在这一阶段他读书极为广泛，特别是哲学，尤其是对康德以后的形而上学，有很深的浸润。对于莱布尼茨，他也早就做过许多研究。不仅如此，他还读列宁及托洛茨基的著作，对于计划经济社会及社会主义有所思虑，对于社会中各种影响机制，例如财政资本对政治的影响尤感兴趣。到 1931 年年底，哥德尔经历了严重的精神危机，曾打算自杀，这使他的家人十分不安。

这一年门格尔在美国见到了维布伦，并邀请他出席哥德尔的讲课资格讲演会。哥德尔在 1932 年 6 月以他的著名论文为讲课资格论文，并附上自己的简历，其中提到他协助哈恩在 1931—1932 学年主持数理逻辑讨论班，选择材料和准备演讲。12 月 1 日，哈恩对哥德尔的申请提出报告，指出"哥德尔博士现在在符号逻辑和数学基础研究领域中已经是第一流的权威"。1938 年 3 月 11 日，哥德尔被正式批准为无公薪讲师。1933年夏季学期,他首次讲课讲授"数学基础",有20名左右学生注册听课,这在当时是不少的。其后在维也纳大学,他只讲了两次课,一次是1935年夏季学期讲"数学物理选讲",另一次也是最后一次是1937年夏季学期讲"公理集合论"。其他讲课由于他身体欠佳以及其间多次奔赴美国普林斯顿访学而作罢。

维布伦在1932年正为新设立的普林斯顿高等研究院物色人才。他6月参加哥德尔讲演会时就已经邀请哥德尔去普林斯顿,1939年哥德尔赴美之前,曾先后三次去普林斯顿访学。第一次时间最长,经历1933—1934整个学年,从1933年10月始到1934年5月底返回。他可以说是普林斯顿高等研究院最早的访问学者之一。1934年2月到5月间,他在高等研究院做了不完全性定理的演讲。克林和罗塞尔做了笔记,这份讲演笔记经过哥德尔编订之后得到广泛流传,促进了数理逻辑这门学科的发展。特别是讲演中第一次引进一般递归函数的概念,这直接推动了递归论的诞生。他在和丘奇等人的讨论中,提出了递归性及可计算性的问题,直接有助于丘奇论点的提出及阐明。不过他自己在这个问题上走了一段弯路。1934年6月他回到维也纳后,患极度神经衰弱,秋天进入疗养院,以致1935年夏原本打算去普林斯顿的计划延期到1935年秋。第二次普林斯顿之行时间很短,只待了一个多月,就因为精神抑郁症及工作过劳而辞职,回国后时常住进疗养院。不过他仍然努力工作,除其他小题目之外,他已经把精力集中到集合论的研究上,这项研究大约从1930年起。特别是1935年后,他开始陆续取得一系列成果。到1935年,他已经认识到可构成集满足集合论的所有公理，包括选择公理。他猜想它也满足连续统假设，在普林斯顿期间，他曾把自己的想法及结果告诉冯·诺伊曼。1937年5月、6月间，他开始讲授"公理集合论"时，也谈到这方面的成果，听课的人有五六个，其中有波兰逻辑学家莫斯托夫斯基及中国逻辑学家王宪钧。7月份，冯·诺伊曼要求他发表自己的成果，9月份又要求他发表广义连续统假设的无矛盾性证明，似乎他1937年7月、8月间已经证明连续统假设甚至广义连续统假设的无矛盾性，1937年6月14日至15日夜间，他得到证明关键的一步，不过，他这个结果于1938年11月才首次送去发表。1938年10月，他第三次赴美，10月到12月在普林斯顿高等研究院讲演"选择公理及广义连续统假设的无矛盾性"。乔治·布朗记了笔记，经修订后于1940年出版。

一段时期以来，一系列骤然发生的事件对哥德尔的生活产生了极大影响：他的老师哈恩于1934年7月去世；维也纳学派的组织者石里克于1936年6月被一名学生枪杀；他的另外一位老师门格尔也于1937年1月移居美国，去圣母大学任教；魏斯曼于1937年移居英国；他的好友、经济学家摩根施坦及沃尔德于1938年也去了美国，这使维也纳在学术上已经变成不那么吸引人的地方了。1937年哥德尔的母亲回到布尔诺老家，而哥德尔本人在11月把户口迁到维也纳。其后不久，1938年3月，希特勒兼并奥地利。9月，他与一位比他大7岁的女子阿德尔·普凯特结婚，婚后没有子女。

阿德尔原是个舞蹈演员，出身寒微，没有什么文化，他们早在1921年就认识，但哥德尔的家庭似乎很不欢迎这未来的媳妇。到美国之后，由于不被普林斯顿的社交界所接纳，他们的生活还是很寂寞的。二战后，阿德尔多次回欧洲探亲、旅游，但哥德尔从来没有陪同一起返回。

20世纪30年代欧洲动荡的经济和政治局势愈演愈烈。1929年的经济危机横扫欧洲大陆，造成极端困难的局面。1933年，希特勒纳粹政权在德国上台，使欧洲平添了非常不祥的气氛。1934年奥地利政权落入政客多尔福斯之手，此人虽也搞法西斯专政，但却并不想成为纳粹的附庸。7月25日希特勒的党卫队直接暗杀了多尔福斯，但夺权的企图暂时遭到失败。从此，纳粹频繁策划和实施破坏奥地利独立地位的计划，以促使德奥合并。到了1937年，奥地利几乎每天都发生爆炸事件，1938年3月12日纳粹军队最终开进了奥地利，奥地利从此成为纳粹德国的一个大区，并开始在政治及文化生活中再现着5年前德国所发生的一切。

哥德尔既没有犹太背景也不问政治，一开始似乎并没有受到什么影响，可是1939年6月中旬他回到维也纳以后，有两件事情促使他下决心离开奥地利。一件事是他一到维也纳就接到命令，要他去进行服兵役的体格检查。虽然哥德尔当时只有33岁，但他的身体状况一直不好，而且心脏也有毛病，可是检查结果却说他"适合站岗放哨"。接着7月、8月间他又接到学校通知，原来的讲课讲师资格已被纳粹取消，要想继续这个职位，必须重新申请"新体制下的讲师职位"。原来的职位是无薪的，而这个新的职位倒是有薪，当然也有前提条件，即种族不纯或政治上不可靠则学问再大也不行。哥德尔于9月25日正式提出申请，但这个申请迟迟得不到批准。按说他在种族上没有什么问题，但是他与已故犹太教授哈恩等人的关系密切，则尽人皆知；而且他因为不关心政治，没有特意公开支持过纳粹，这也是对他不利的方面。这时第二次世界大战已经打响，他有可能被征召去服役，职位申请迟迟批不下来，就越发增大了他服役的可能性。此时，他的经济情况也逐步恶化，于是在这紧急关头，他以无经济收入为理由申请请假去美国，目的是搞到出境护照，同时冒险写信向维布伦求援，请他帮助弄到限额外入境签证。维布伦和普林斯顿高等研究院院长弗列克斯纳的确帮了不少忙。12月，哥德尔奔波于维也纳与柏林之间，终于在 12 月 19 日得到德国的出境许可。1940 年 1 月 8 日美国给他限额外入境签证，1 月 12 日苏联的过境签证也下来了。1 月 18 日，哥德尔夫妇离开了维也纳，从此哥德尔再也没回来过。他后来对奥地利耿耿于怀的是当局办事拖拉，对这事的忌恨也许还大于对法西斯的厌恶。据说他 1939 年 11 月还在装修自己的寓所，看来本没有准备长期移居国外，这可谓是世事难料。奥地利行政官员一直到 1940 年 6 月才批准他的讲师职位申请，但这时他已不可能回去任职了。

三、普林斯顿岁月（1940—1978）

1940 年是哥德尔一生的转折点。他离开生于斯、长于斯的欧洲来到美国，从此再没有回到欧洲去。他在数理逻辑上的三大成就已经完成，此后虽然也继续进行研究，但主要的探索已集中在哲学方面。遗憾的是，他在哲学方面发表的东西不多，因而很难对他的哲学思想有个全面认识和评价。

1940年1月18日，哥德尔夫妇离开维也纳，当时二战已经爆发，希特勒及斯大林缔结盟约，共同占领波兰，而英国实行了海上封锁。这时从海上离开欧洲去美国已不可能，哥德尔夫妇只得通过陆地途径辗转前往美国。他们先乘火车从维也纳经过立陶宛和拉脱维亚到达毕哥索沃，从这里搭乘西伯利亚大铁路列车，穿越西伯利亚及中国东北（当时伪满洲国）最后到达日本横滨。2月5日夫妇俩从这里乘美国的"克利夫兰总统号"轮船，经过一个月的时间横跨太平洋，于3月4日到达旧金山，然后再乘火车到达普林斯顿。前后奔波两个多月，终于到达普林斯顿这个让他们平静度过后半生38年时光的地方。

在普林斯顿高等研究院，哥德尔其实一开始也并非事事如意，尽管有像冯·诺伊曼这样的大数学家的理解及极力推荐，哥德尔还是很晚才得到应有的承认。自从1940年春，他被聘为普林斯顿高等研究院普通研究员之后，必须每年申请并得到批准，才能继续留任。直到1946年7月1日，他才晋升为终身研究员。又过了7年到1953年7月，他成为高等研究院教授，直到1976年7月70岁退休。在这期间，他的活动不多，只做过三次公开演讲以及几次非正式演讲，发表文章也很少。但是他对研究院的行政事务颇有兴趣，学术活动也积极参加。

1940年到1942年间，他继续深入钻研数理逻辑的一些问题。1940年他开始阅读布劳威尔的著作，他说正是布劳威尔的某篇论文使他产生了解决选择公理的独立性的想法。1942年在缅因州度假时，他在有限类型论范围内得到了选择公理的独立性的证明，但没有公开发表。哥德尔也尝试证明连续统假设的独立性，但没有取得成功。1963 年，美国年轻数学家保罗·科恩用他发明的力迫法成功证明选择公理及连续统假设的独立性之后，哥德尔觉得自己的方法是不同的，但也能行得通。他后悔自己当初没能坚持下去，因为他在 1942 年年底就完全放弃了独立性证明的研究。大约同时，他也发现厄布朗 1930 年的博士论文中有严重错误，但他也没有发表结果。后来德雷本等人于 1963 年春天找到关键引理的反例，并随后作了补正，其主要结果仍成立。在这期间，他还得到通过元数学方法来证明选择公理的无矛盾性。1941 年他用原始递归泛函来解释直觉主义数论，他在耶鲁大学报告这个结果时，数学家阿廷曾经参加，论文一直到 1958 年才发表。也许由于工作不顺利，也许由于身体原因，哥德尔对数理逻辑研究逐渐失去兴趣，越来越集中于哲学问题的研究和思考。从 1941 年 5 月到 1942 年 11 月，他写了五大本哲学笔记，总共达 670 页之多。另外，他也对数学基础研究成果颇为失望，他感到数学基础并没有达到许多人期望的那样的理想境界，真正对理论数学有所推动。

1942 年希尔普计划出版《罗素哲学》专集，于 1942 年 11 月 18 日邀请哥德尔写《罗素的数理逻辑》一文，并提及说，罗素认为哥德尔"在这个领域中是一位卓越的学者"。哥德尔立即着手这项工作，并于 1943 年 5 月 17 日送出第一稿，但不知什么原因，这一稿没有送交罗素，以致他的修改稿于 9 月 28 日送出时，罗素已经对其他评述文章一一答复完毕，不打算再对哥德尔的文章做出答复。哥德尔请罗素改变主意，没有成功，曾想抽回这篇稿子，但在希尔普的恳求下保留下来，全书于 1944 年出版，后来在 1964 年和 1972 年曾有小的修改。哥德尔当时认为这篇论文是涉及罗素工作的一篇逻辑史论文，而且自然地把自己的不完全性和可构成集的成果也编写了进去。罗素那时也正在美国访问讲学，并在回国之前的 1944 年 5 月曾在普林斯顿待了一段时间，他每周一次去爱因斯坦家，同爱因斯坦、哥德尔和来自奥地利的理论物理学家泡利等人交谈。他后来向别人评论说：

> 这三个人都是犹太流亡者并意图做世界主义者……哥德尔是一位地地道道的柏拉图主义者，他虽然相信一个永恒的"否"高悬在天上，而善良的逻辑学家必然会希望以后在哪里遇到它。

在 1971 年布莱克威尔告诉哥德尔这事之后，哥德尔曾写了一个答复，但没有送出去。他写道：第一，他不是犹太人（虽然他也认为这事没什么了不起）；第二，他与罗素并没有许多次讨论（他记得只有一次）；第三，他的"地地道道"的柏拉图主义并不比罗素自己在 1919 年《数学哲学引论》中所写的更地道，罗素写的是"逻辑同动物学一样涉及的也是现实世界，只是具有更抽象、更普遍的特征"。这时罗素在我们这个现实世界里就已经碰到了"否"，只是后来受维特根斯坦的影响才决定不理会它。这些的确反映了哥德尔自己的观点。

1945 年哥德尔的健康再度恶化，由于十二指肠溃疡没有及时动手术发生出血，他的工作陷于停顿。他从此开始限制饮食，由此体重不断减轻，长期营养不良。据他哥哥讲，这也是他不回维也纳的理由，因为维也纳可能没条件让他做到按照要求进餐。不过他在二战结束后一直给母亲写信，有几次还邀请母亲来普林斯顿玩。

1945年11月他接受《美国数学月刊》的邀请，就"康托尔连续统问题"写一篇评论，经过几个月的考虑和修改，1946年8月完成了初稿，1947年9月完成修改稿，12月正式发表，前后经历了两年时间。也是在这年年底，他还在纪念普林斯顿大学200周年校庆的"数学问题"会议上发表讲演，内容涉及与可计算性相类比的"可证明性"和"可定义性"两个概念，这些都是他对数学哲学的思考和重要贡献。

1946年中，希尔普见到哥德尔同爱因斯坦交往密切，就邀请他写一篇向爱因斯坦表示敬意的文章，他慨然允诺。实际上，哥德尔到高等研究院以后不久，就同爱因斯坦有着密切的交往。虽然两人性格完全不同，爱因斯坦爱好交际、生性活泼，喜欢说笑，富有常识，而哥德尔则性喜独处，庄重严肃，一本正经，特别是不相信常识是获得真理的可靠手段，但两人的共同点是都能直接深入到事物的核心之中。

爱因斯坦的朋友很多，但他去世前10年间，哥德尔可以说是他最好的朋友。两人"几乎每天"一起散步回家，讨论各方面的问题，主要是哲学、物理和政治问题。他们在许多问题上其实持有相反的观点，但彼此并不隐瞒自己的看法。1947年4月底，哥德尔和他的夫人为加入美国国籍要参加例行口试，爱因斯坦和摩根施坦充当他们的证明人。在这之前,哥德尔需要先学习美国历史,他利用这个机会特别探讨了印第安人是怎么来到美洲的问题。另外还仔细学习和研究了美国宪法,并以他敏锐的逻辑思维能力发现,这个宪法文本实际上在逻辑上和法律上都存在着把美国转变成独裁统治国家的可能性。在口试前一天,他告诉了摩根施坦他的发现,摩根施坦懂得这种可能性及可能的补救措施将牵涉到一大串复杂的推理过程,不适合在口试时讲,就劝他在口试时对此保持沉默。第二天早上摩根施坦驾车把哥德尔和爱因斯坦从普林斯顿带到新泽西州首府特林顿,他事先告诉爱因斯坦,在路上要一个接一个地讲故事以使哥德尔分心,别让他一门心思钻美国宪法的牛角尖。到了特林顿,主持人是一个叫福尔曼的法官,他正好就是 1940 年主持爱因斯坦加入美国国籍口试的那个人,后来还成了爱因斯坦的朋友。于是他邀请三个人一起参加本来应该一个人单独进行的口试。法官开始讲道:"至今你具有德国国籍……"哥德尔马上打断他说:"对不起,先生,是奥地利。""不管怎样都是可恶的独裁者!不过幸运的是在美国那是不可能的……"哥德尔又插嘴道:"刚好相反,我知道怎么能产生独裁制……"其他三个人立刻劝说哥德尔别往下讲了,这才进入正常的口试。在 1948 年 4 月 2 日,哥德尔夫妇参加宣誓仪式,正式取得美国公民资格。

大约同时,哥德尔以完全意想不到的方式转向相对论研究,这与他以前的数理逻辑研究可以说毫无瓜葛,从而为许多传记作者所忽略。关于他临时转向的原因说法不一,有说是因为同爱因斯坦的交往、早年对物理学的兴趣和在维也纳所受数学训练以及维也纳学派的影响所致；也有说是因为他对哲学特别是康德时空哲学有很大兴趣所致。从他发表的著作和思想脉络的发展来看，似乎后一点更可信一些。

哥德尔和爱因斯坦是密友，但他对爱因斯坦的统一场论从一开始就抱怀疑态度。另外爱因斯坦曾经希望由他的场方程中推出马赫原理，而马赫原理可完全否定绝对空间的存在，因为正是马赫原理推动爱因斯坦建立了广义相对论。而哥德尔先是从哲学上，然后又从数学上否定马赫原理。关于相对论的研究，他发表了两篇论文：一篇是1949年在《近代物理评论》上发表的正式论文；另一篇是在1950年召开的国际数学家大会上所做的大会报告"广义相对论的旋转宇宙"，他的报告实际上完全有悖于当时大会组织者安排他做报告的初衷——他们本希望他讲逻辑问题。其间，希尔普于1949年出版在世哲学家论爱因斯坦的文集，哥德尔所应诺提交的论文是关于时间本性问题的哲学讨论。

自从爱因斯坦1915年得出广义相对论场方程，1917年得出静态宇宙学模型以来，由解方程得出宇宙学结论是许多研究者的主要目标。20年代至30年代作为最简单解而引进的宇宙学模型是空间均匀及各向同性的，特别是膨胀的（而非旋转的），这与天文观测到的位移是符合的。但哥德尔在1949年的论文中第一次给出非膨胀的、旋转的宇宙模型，而且解在空时中每点都是一样的，从而可以得出一个"可以回到过去"的结论。这就产生出"儿子可以回到过去把他上小学的爸爸打一顿"的荒谬结论，这当然引起因果性的争论。但是，哥德尔的功绩在于他首先指出爱因斯坦方程并不排除这样的解。1950年，他得出更合理的解，宇宙模型是旋转的、膨胀的，而且不能回到过去的，这更加符合实际。但是由于观测到的微波背景辐射的各向同性，即使宇宙有旋转，转动速率也极低。尽管他的模型后来讨论者不多，但他的研究却显示出他的哲学眼光、逻辑威力和非他本行的微分几何技巧。当然，哥德尔对物理的兴趣并没有到此为止，其后他仍对天文观测数据非常重视，他的遗稿中有两个笔记本，列着星系角度方向表，看来他希望能找到一个特选的方向。

哥德尔的独特思想当然也表现在他唯一发表的非数学的哲学论文中，其中他把相对论与唯心主义哲学联系起来，特别是否定"变化的客观性"。不过他并不认为物理世界本质上是"精神的"，而是认为我们对世界变化的观念是主观的，是我们头脑产生出来的。他把这个观点同康德的时空哲学联系在一起讨论。在他的手稿中有题为"对相对论及康德哲学关系的一些考察"的篇目，这些手稿已在他的全集第Ⅲ、Ⅳ卷发表，若加以仔细研究，则可以对他整个哲学思想有更清楚的了解。

1963年春天，美国一位年轻的数学家保罗·科恩的论文预印本在数学界流传，其内容是关于连续统假设的独立性的证明。科恩当时在调和分析方面的工作已小有名气，但从来没有发表过数理逻辑方面的论文。可是他从大学时代起，就对数理逻辑感兴趣，在一些逻辑学家的影响下，他于1962年开始研究这个问题，并于当年的圣诞节得到了证明。科恩在修正及改进这篇论文过程中于4月24日开始同哥德尔通信，然后来到普林斯顿面见哥德尔，并于5月6日在普林斯顿讲演。哥德尔花了许多时间来审阅这篇论文，最后于6月

20日断定了它的正确性，并先后于9月底及11月底把修改稿推荐给《美国国家科学院院刊》发表。这篇论文在逻辑界乃至数学界产生极大震动，也使科恩荣获1966年的菲尔兹奖。这件事反过来促使哥德尔重新对这个问题产生了兴趣，他打算引进新的公理来证明连续统假设的独立性，但方法则不同于科恩的力迫法。当时流传着哥德尔已经得到各种证明的说法，他本人则正式澄清事实，说自己只得到了部分结果。同时，他说自己在方法上也同科恩相差较远，对于科恩所说的他自己的工作是在哥德尔工作基础上的"改进"的说法也予以纠正，承认科恩工作的独立性，这表现出了哥德尔高尚的职业道德及谦逊精神。

可以说，哥德尔在成为高等研究院终身研究员之前，已发表了他在逻辑方面的所有重要著作，以后根据他自己的标准，"完成的很少，发表的更少"。不过，他依然关注逻辑的发展。他是完全在孤立的情况下进行研究的，而且没有通常意义上的学生及门徒。考虑到希尔伯特指导过六七十位博士生，庞加莱开过几十种课程，哥德尔的风格的确是与众不同的。他在逻辑界的地位完全是靠他自己的几篇论文奠定的。虽曲高，但还不能说和寡，每个时期，他都有知音，还有不少朋友。他最好的朋友是冯·诺伊曼，冯·诺伊曼无论在欧洲还是在美国都一直是他坚定的支持者。另一位是伯奈斯，战后他们多次在美国相会，在1958年伯奈斯七十寿辰时，哥德尔还献上了自己的论文祝寿。战后，虽然普林斯顿成为逻辑学者的"麦加圣地"，不过，哥德尔同大多数造访的年轻逻辑学家只保持了有限的接触，尽管对他们的工作有兴趣，有时还提出中肯的建议和意见。同他保持着密切接触的，只有少数不太年轻的朋友。其中有克莱塞尔、斯科特、竹内外史以及斯派克特和罗滨逊等。特别值得一提的是华裔逻辑学家王浩，他早在1949年就见过哥德尔，后来两人一直保持联系。70年代，他同哥德尔多次进行长谈，谈话记录及来往书信构成两本著作——《从数学到哲学》（1974）和《回忆库尔特·哥德尔》（1987）。其中有许多前所未知的史料，这些连同其他资料，特别是《哥德尔全集》第Ⅰ（1986）、Ⅱ（1990）卷，也是本文撰写的基础。

1950年代初，哥德尔才开始获得他早就应该得到的荣誉：除了1950年在国际数学家大会上做一小时报告及1951年年底为美国数学会做吉布斯纪念讲演，他在1951年3月14日同施温格分享阿尔伯特·爱因斯坦奖。冯·诺伊曼在颁奖仪式上致辞说：

> 库尔特·哥德尔在现代逻辑上的成就是独一无二的，纪念碑式的，它是一个里程碑的标志，即使从遥远的时空也仍然清晰可见。

1951年6月，耶鲁大学授予他荣誉文学博士称号，他很自豪地说，我是迄今为止获得这个称号的最年轻的人，因为其他得主都已是六十开外了。大约同时，美国著名哲学家蒯因推荐他为哈佛大学的荣誉科学博士，不过直到1952年6月才举行仪式正式授予他这个称号。颂词中把他称为"本世纪最了不起的数学真理的发现者"，他对此表示由衷的喜悦。其他荣誉也纷至沓来：1953年他被任命为普林斯顿高等研究院教授、1955 年被选为美国国家科学院院士、1957 年被选为美国艺术和科学院院士、1961 年被选为美国哲学会会士。1966 年 4 月，美国俄亥俄州科学院在俄亥俄州立大学举行庆祝他 60 岁生日的学术会议，邀请他参加，他因身体原因没能参加，但发去了贺信和感谢信件。之后在 1969 年出版的会议论文集中，有美国"原子弹之父"、曾在普林斯顿高等研究院担任院长多年的奥本海默对他六十寿辰的祝词（而奥本海默自己则于前一年即 1968 年已经不幸辞世）。与此同时，在他的六十寿辰之际，哥德尔的第二故乡奥地利也做出积极的表示：维也纳大学提出授予他名誉数学教授职位，奥地利科学院则准备授予他荣誉院士称号。但这些荣誉都被他一口回绝，哥德尔对奥地利的反感可能来自他离开奥地利时的种种麻烦。后来，在他去世之后，维也纳大学才能授予他荣誉自然科学博士学位，那时候他已经没法拒绝了。

1960 年代之后，随着哥德尔逻辑证明影响力的不断扩大，他持续不断地得到各种国际荣誉：1967 年被选为伦敦数学会荣誉会员、1968 年被选为英国皇家学会外籍会士、1972 年被选为不列颠科学院通讯会员、1972 年被选为法兰西研究院（道德及政治科学院）通讯院士。1974 年他被授予美国科学家的最高荣誉，由福特总统颁发国家科学奖章。不过由于身体不好，他没能参加 1975 年 9 月 18 日举行的颁奖仪式。

四、晚境（1959—1978）

哥德尔的晚年生活，一般人所知甚少。因为他除接待来访以及高等研究院的评议工作之外,大部分时间都在家里养病,可能顺便还研究点哲学。1959年以后,他经常阅读和研究胡塞尔,并曾建议王浩也读胡塞尔1905年以后的著作,不过这方面他没有发表过任何论文。

他的身体一直不好,最后10年尤差。但他很重视自己的健康,又不相信大夫的话,自创了一套养生办法。1960年代末他拒绝做前列腺手术,同时严格限制饮食,结果形容越发瘦削。晚年的节食甚至发展到有点偏执,怕食物中毒而饿着,以致最后的死亡证明上说他的死因是"营养不良和由于食物不足的虚弱",恐怕这种情况也同他夫人的健康状况不无关系。这期间他的夫人动过手术,两次中风住进疗养院。这样他不但得不到夫人的照顾,反过来还得精心照顾她。在他的健康每况愈下时,早年就罹患的精神抑郁更加严重:去世前两年,他几乎不与外界联系,没有写过信,甚至也不给他哥哥写信。1978年1月,短期住院之后,在14日的下午,72岁的哥德尔在医院溘然长逝。他的夫人三年后去世,他们合葬于普林斯顿公墓。

哥德尔生前著作发表不多,身后遗留下大量手稿、笔记、讲演稿等达6000页之多,另外还有许多书信,这些在1982年至1984年被编目整理,其中一部分后来收入《哥德尔全集》的第Ⅲ、Ⅳ卷中。虽然哥德尔本人认为自己的哲学还没有达到前辈贤哲的境界,但是,这位逻辑学巨匠、大思想家还是有许多独特的思想值得进一步研究。

(作者:胡作玄)

李雅普诺夫

彼得堡数学学派的健将

亚历山大·米哈伊洛维奇·李雅普诺夫
（Александр Михайдович Ляпунов, 1857—1918）

19世纪末至20世纪初,当切比雪夫、马尔科夫的一系列创造性工作使西欧数学界感到震惊之际,又一位俄国数学家为新生的彼得堡数学学派增添了光彩:他在运动稳定性理论和旋转液团平衡理论方面的贡献堪与当时最伟大的法国数学家庞加莱相匹敌,在概率论、微分方程和势论方面也完成了出色的业绩。做出这些科学贡献的就是彼得堡学派的一员新秀亚历山大·米哈伊洛维奇·李雅普诺夫。

一、早年岁月

当非欧几何的奠基者罗巴切夫斯基被任命为喀山大学校长的时候,本文主人公的祖父正在那里当会计。这个普通职员的众多子女中有三人受到命运之神的特别垂青:长子维克多日后成了苏联科学院院士克雷洛夫的外祖父;幼女叶卡捷琳娜嫁给生物学家 P. M. 谢切埃夫,此人的哥哥 И. M. 谢切诺夫被称为"俄国生理学之父";还有一个儿子就是本文主人公李雅普诺夫的父亲米哈伊尔·瓦西里耶维奇。米哈伊尔 1839 年毕业于喀山大学,随后留在该校的天文台工作,1856 年应聘到雅罗斯拉夫当一所名为捷米多夫斯基高级中学的校长。雅罗斯拉夫,这座以 11 世纪基辅大公命名的古城,南面莫斯科,北连阿尔汉格尔斯克,从 17 世纪以来就成了伏尔加河上游的重要商埠。米哈伊尔主持的捷米多夫斯基学校是当地的最高学府。他治校有方，颇得人望。翌年，即1857年6月6日，他的妻子索菲娅生下了一个男孩，这就是 A. M. 李雅普诺夫。

李雅普诺夫从父亲那里接受科学的启蒙。这位前喀山大学天文台的负责人经常向自己的爱子讲述一些宇宙的奥秘：太阳是一个巨大的燃烧的球，地球曾经是一团又黏又烫的旋转体，月亮就是从它上面被甩脱出来的。这些奇妙的知识在李雅普诺夫幼小的心中留下了终生难忘的印象。但是好景不长，父亲在他7岁那年双目失明，只好辞去职务，全家人迁居到母亲在西姆比尔斯克乡下的老家生活。又过了四年，父亲不幸去世了，姑妈叶卡捷琳娜看到兄嫂艰难地带着三个孩子生活，就把11岁的李雅普诺夫带到自己家中抚养。

她的家就是现在被命名为谢切埃夫村的一个贵族庄园。叶卡捷琳娜的丈夫十分喜欢妻子领回来的这个俊秀的内侄，让他与自己的女儿娜塔莉娅一同学习、玩耍。两人青梅竹马，两小无猜，若干年后结为伉俪，而且爱得极深。在姑妈家里，小李雅普诺夫还经常见到新当选为通讯院士的生理学家谢切诺夫。在以后的学术生涯中，他与这个年龄和专业与己都相差悬殊的生理学家结下了深厚的友谊。

1870年，母亲带着两个弟弟搬到下诺夫哥罗德（今高尔基城），同时领回了李雅普诺夫。从未进过中学的李雅普诺夫插班进入高中三年级，但他仍然感到课程太轻松了，许多知识在姑妈的庄园里就已学过，因此他有了大量的时间来阅读文学、历史和自然科学方面的作品。1876年，19岁的李雅普诺夫以获得金质奖章的优等成绩从中学毕业。

同年，他考入彼得堡大学，当时该校仅有文史、法律、东方语言和数学物理四个系。李雅普诺夫先在数学物理系的自然科学专业注册，常去听化学教授门捷列夫的课。但是不过一个月，他就感到数学的抽象性和严密性更适合自己的口味，于是毅然转到数学专业来上课。

二、幸遇良师

经过切比雪夫近 30 年的经营，此时的彼得堡大学数学专业已蜚声欧洲大陆，许多有才能的俄国数学家都被吸引到这里来。他们当中有科尔金、佐洛塔廖夫这样的中青年讲师，也有索霍茨基、波瑟这样的研究生，才华出众的马尔科夫也已是三年级的学生。李雅普诺夫偏爱力学，指导他的教师博贝廖夫是一位出色的力学专家。李雅普诺夫后来在纪念博贝廖夫的演讲中说道：

> 差不多四十多年来，我都记得我那已逝世的、我那在大学毕业后最初几年是我学习上的教师和导师博贝廖夫教授在世时的情景……感谢他为了我，经常在百忙之中抽出时间来审查我交给他的我的青年时代所写出的著作。他是一个非常纯朴而有气概的学者。当我在研究某些作者的著作时，一碰上不明白的地方，他往往细心地向我详细地解释。

大学的后两年对于李雅普诺夫来说特别艰辛，压力不是来自学业而是来自生活。慈母于 1879 年去世了，两个弟弟一个刚考入音乐学院、一个尚未成年，李雅普诺夫只好把小弟弟鲍里斯接到彼得堡，借居在姑父一个寡居的姐姐家里。恰好 И.М. 谢切诺夫也是这所房子的常客，他提议由李雅普诺夫为他本人开设基础数学讲座，作为报酬由他支付兄弟两人的食宿费用。李雅普诺夫非常满意这一笔交易，除给这位令人尊敬的长辈讲一些数学知识外，他还经常出席谢切诺夫和他的学生们组织的郊游和各种读书会。谢切诺夫也鼓励他，要想在科学上取得辉煌成就，就要有百折不挠的勇气和坚韧不拔的毅力。就这样，李雅普诺夫一面为自己和弟弟的生计操劳，一面准备着毕业论文。在博贝廖夫的指导下，他撰写的关于流体静力学的论文获得系里的金奖。在此基础上他完成了《重物在固定容器所盛重液体中的平衡问题》和《液体静压的势问题》两文，于 1881 年发表在《俄国物理化学学会通讯》上。

1880 年李雅普诺夫以优异的成绩从大学毕业，根据博贝廖夫的建议留在力学教研室工作。从某种意义上来说，力学是一门令人生畏的专业，古往今来，只有阿基米德和牛顿那样的巨匠才能同时在数学和力学领域建立辉煌业绩。

李雅普诺夫用两年的时间通过了硕士课程的考试，但是论文的选题却迟迟未定，为此他去请教"大主教"切比雪夫。关于这件事，他在后来题为"关于天体的形状"的著名讲演中曾有详细的叙述，他说：

1882年，为了选择硕士论文题目，我不止一次地同切比雪夫交谈各种数学问题，而切比雪夫总是阐述这样一种观点，即对于已经具备了解决数学问题的所有年轻学者来说，那些虽然是新的，但是却能用众所周知的方法来解决的课题是不值得去光顾的，而应该把精力倾注到某个重大的，并且具有公认的、理论上困难的课题上。接着他就向我建议了如下的课题："人们已经知道，在角速度的某种影响之下，椭球体不再是旋转液团的平衡形状；问题是，此时它们是否转变为某些新的平衡形状，这些形状在角速度略微增大时稍与椭球有所不同？"他又进一步说："如果解决了这个问题，你的工作就会立即引起世人瞩目。"

踌躇满志的李雅普诺夫还不知道，"大主教"以前也向佐洛塔廖夫、柯瓦列夫斯卡娅等人提出过同一问题，而这些赫赫有名的学者都未能啃动这粒坚果。

他陷入了一场旷日持久的胶着战，在一年半的时间里绞尽脑汁也未能获得多少进展。当他向切比雪夫汇报自己所尝试的种种方法以及所遇到的困难时，连问题的提出者也感到吃惊。看来要在短时期内攻克这一难题是不可能的了，就此李雅普诺夫总结道：

经过若干次一无所得的尝试之后，我觉得应该暂时把这个问题搁置一段时间了。但是对它的思考却把我引向另一问题，即椭球状旋转液团平衡形态的稳定性，于是我决定以后者作为硕士论文的讨论内容。

论文于 1884 年完成，第二年 1 月正式通过了答辩。两位教授博贝廖夫和炮兵学院的布达耶夫作为论驳者。尽管与切比雪夫原来的问题相比，这篇论文仅仅讨论了一个特殊的情况，但是它的价值还是很快得到了国内外同行的承认。同年，李雅普诺夫被任命为讲师，转年英国《天文学公报》刊出了论文的摘要。若干年后，这篇论文还被全部译成法文发表在《土鲁兹大学学报》上。

与其他才华出众的青年数学家相比，李雅普诺夫为硕士学位付出了较多的时间和精力，但他对此终身不悔。相反，他由衷地感谢引导他从事力学研究的博贝廖夫，感谢给他出了这么一个困难的题目的切比雪夫，认为"切比雪夫以他的谈话和见解根本性地影响了我一生科学工作的方向"。

三、别开生面

1885 年秋天，李雅普诺夫接受了哈尔科夫大学的聘请，以讲师的身份主持该校的力学讲座。哈尔科夫是乌克兰第二大城市，哈尔科夫大学是乌克兰的第一所高等学府。数学家和著名的唯物论者奥西波夫斯基曾担任该校校长，指导过切比雪夫的奥斯特洛格拉德斯基也曾在此求学。李雅普诺夫到来之前，力学讲座由伊姆含涅茨基教授主持，而当他于 1881 年被选为彼得堡科学院院士后，这个职位就一直空缺着。

当时沙皇政府刚通过了一个对大学中进步势力进行打压的议

案，国民教育大臣杰里亚诺夫是这一反动措施的忠实执行者，鼓吹"要以宗教真理尊重财产所有权和遵守社会秩序根本原则的精神去教导青年"。哈尔科夫大学一直是乌克兰民主运动和民族主义者活动的大本营，因此学生们对这位新来的俄罗斯教师抱着一种怀疑和敌视的态度。后来成了李雅普诺夫得意门生的斯捷克洛夫回忆道：

> 众所周知，1884年杰里亚诺夫的反动措施使学校条例遭到破坏。1885年我已是大学三年级的学生，作为1863年条例[1]的拥护者，与绝大多数同学一样，对新秩序抱着极端对立的态度。当同学们得知从彼得堡来了一位新的力学教授，我们立刻就断定他是那个专谋私利的傀儡集团中的又一个可耻的庸人。但是，当学生们看到"一位仪表堂堂的美男子在我们敬重的老系主任列瓦柯夫斯基教授的陪同下步入教室"，骚动开始平静下来。我们的系主任作了简短的介绍之后离开了教室，这位与我们年龄相差无几的青年就开始用一种由于激动而略微发颤的声音讲起了质点动力学来。其实这门课早已由捷拉尔教授讲过，内容对我们来说并不陌生。但是他的演讲一开始，我就听到了自己未曾听过的东西，这是在我所认识的有名望的教师那里从未听到过的。因此，当初内心的敌意立刻烟消云散了。青年人亚历山大·米哈伊洛维奇以其未加修饰的魅力，竟然在一

---

[1] 指1863年国民教育部在社会压力下通过的一项关于扩大高校自治权利的条例。

个钟头内征服了这批心怀偏见的听众。从那天起，李雅普诺夫在学生中获得了特别的威信和地位，我们开始怀着尊敬的心情对待他，一些本来对科学不感兴趣的同学也开始振奋起来了。

直到 1890 年以前，力学教研室几乎就是李雅普诺夫一个人在演独角戏：他又要当讲师，又要当助教，还要安排实验和指导学生写论文，就是授课的讲义也是他亲自编写的。即便如此，李雅普诺夫仍然没有忘记运动稳定性的研究，不过他还是没有直接触及切比雪夫提出的旋转液团平衡形状的稳定性问题，而是先对具有有限个自由度的力学系统的平衡形状的稳定性进行了研究。

这一问题来源于 18 世纪天文学家对太阳系运动规律的探索，拉格朗日和后来的狄利克雷都曾致力于此。从数学上来说，这一问题就是要根据一个微分方程组 $\dfrac{\mathrm{d}x_k}{\mathrm{d}t} = f_k(t, x_1, x_2, \cdots, x_n)$ 的结构来研究解的属性或确定其曲线的分布状况。1888 年，李雅普诺夫以《具有有限个自由度的力学系统的稳定性》一文揭开了这场攻坚战的序幕，随后陆续发表了《刚体在液体中的正规螺旋运动》《具有周期系数的二阶线性微分方程理论中的一个系列》等文。最重要的工作则集中在博士论文《运动稳定性的一般问题》中。这篇论文于 1892 年 9 月在莫斯科大学通过答辩，论驳者是茹可夫斯基和姆洛捷耶夫斯基。答辩获得巨大的成功，评委们一致高度评价了李雅普诺夫在常微分方程定性理论中做出的开创性贡献。如同硕士论文一样，这篇文章也被全部译成法文登载在《土鲁兹大学学报》上。

假定上述方程组的右边是关于诸 x_k 的幂级数且没有自由项，很容易看出存在零解 $x_k=0$。在李雅普诺夫意义下，零解稳定性就是在半轴 $t \geqslant t_0$ 上关于初始数据的稳定性；换言之，李雅普诺夫意义的稳定性要求对满足 $t \geqslant t_0$ 的解 $x_k(t)$，其初始数据 $x_k(t_0)$ 的绝对值充分小时，其本身的绝对值也充分小。当相应的微分方程组可积时，判断稳定性并不困难，然而动力学系统中的微分方程往往是不可积的，于是只好引入近似方法，包括茹可夫斯基在内的一些学者都曾考虑过把方程组的右端换成幂级数展开式的线性部分，这样问题就归结为一个线性微分方程组的稳定性。但是用线性系统来替代给定的系统是否有效、何时有效都是不清楚的。庞加莱在1881年至1886年期间，以"微分方程所确定的曲线"为题考虑了二阶和部分三阶系统的情况，这可以说是李雅普诺夫之外寻求该问题精确解答的唯一尝试。

为了彻底解决这一问题，李雅普诺夫创立了两种著名的方法，其中第二种方法已成为稳定性研究中的基本方法，其关键是找出某个依赖于 t、x_k 的所谓李雅普诺夫函数，根据这类函数的稳定性去判断解的稳定性。利用这种方法，他在最一般的假定下解决了什么时候一次近似可以成为稳定性问题的解的问题。他还用这种方法检验了那些特别具有实际背景的系统，如方程组右端展开式的系数为常数或具有相同周期的函数的系统。对于前者，如果特征方程（一个几次代数式）的根都具有负实部，则原系统的解是稳定的；若有一个根具有正的实部，则原系统是不稳定的；如果不存在具有正实部的根却有实部为零的根，此时就不能利用一次近似来替换。对于后者，他论证了可能存在两种特别值得注意的情况，即特征方程有一个根为 1 及一对共轭虚根的模为 1 的实例。

就这样，李雅普诺夫与庞加莱同时完成了常微分方程定性理论的奠基工作，但是他们两人考虑问题的出发点和使用的方法是截然不同的：李雅普诺夫主要考虑解的性质，方法则纯属分析式的；庞加莱主要考虑方程所对应的曲线分布，广泛使用了拓扑方法。从某种意义上讲，他们的工作都是超越时代的，因此在以后很长一段时期内，除美国数学家伯克霍夫在庞加莱工作的基础上发展了动力系统理论之外，关于定性理论的研究一度保持着沉寂的局面。然而 20 世纪 30 年代以来，随着现代物理和工程技术的飞速发展，定性理论成了微分方程领域一个最热门的课题，李雅普诺夫的经典性工作也日益显示出巨大的意义。

获得博士学位的第二年，即 1893 年，李雅普诺夫晋升为教授。除了担负繁重的教学任务，他还特别关心地方的数学教育和普及工作。从 1891 年起他就担任了哈尔科夫数学学会的副主席，1899 年起任主席兼会刊总编，他亲自为会刊撰稿，他的一些重要论文就是在《哈尔科夫数学会通报》上发表的。在他的指导下，哈尔科夫很快发展成俄国又一个数学重镇，这里的数学物理研究工作特别引人注目。

谈到数学物理，还应提起李雅普诺夫在势论方面的工作。在 1885 年年初，李雅普诺夫就考虑在彼得堡大学开设势论课程，只是由于动身去哈尔科夫而未能实现。他到哈尔科夫的第二年就发表了两篇有关拉普拉斯方程边界值的论文。1897 年，李雅普诺夫发表了《有关狄利克雷问题的某些问题》一文，他在这里首次对单层势和双层势的若干基本性质进行了严格的探讨，指出了在给定范围内狄利克雷问题解的若干充要条件。这一研究奠定了解决边界问题的经典方法的基础。从 1886 年至 1902 年，李雅普诺夫共发表了 7 篇势论方面的文章，它们当中深刻而新颖的思想成了一些后来者特别是斯捷克洛夫工作的出发点。

李雅普诺夫在哈尔科夫的最后一项研究是关于概率论方面的，虽然只有两篇论文，但是它们在概率论发展中所起的作用却是具有划时代意义的。早在大学三、四年级的时候，李雅普诺夫就系统地听过切比雪夫的概率论课，对老师当年在讲到极限定理证明时的一段话有着深刻的印象。切比雪夫当时是这样讲的：

> 我们在证明时做了种种假设，但是却未能估计出由此而产生的误差，因而我们的结论是不严密的。然而在目前，我们还无法采用任何令人满意的数学手段来证明这些结论。

要想理解切比雪夫这段话的内涵，就需对概率论的古典极限定理的历史做一简要回顾。

19 世纪末，人们企图将拉普拉斯极限定理运用于独立随机变量的和，并力图在尽可能广泛的条件下证明这一结论，使其成为一个所谓中心极限定理。切比雪夫首先创立矩方法来证明这一定理，但是该方法要求随机变量的一切矩都有限的条件显然太苛刻了。马尔科夫为削弱这一条件做了一些工作，但本质上并无突破，他仍然要求对任何整数 $P>2$，这些随机变量的 P 阶矩在一定意义下的平均值 $M_n^{(P)} \to 0$（$n \to \infty$）。能否找到适当的 $\delta>0$（δ 不一定是整数），以 $P=2+\delta$ 阶矩的性质来代替马尔科夫的条件呢？这便是李雅普诺夫所考虑的问题。

1900 年，他在《概率论的一个定理》中，首先将 δ 取作 1，试图仅仅用 $M_n^{(3)} \to 0$（$n \to \infty$）来代替马尔科夫的条件，但是由于推算中的困难，他不得不做了某些让步，另外加上所有随机变量的 3 阶矩一致有界等条件，从而部分实现了用 3 阶矩的存在去代替一切矩的存在的拓广。接着，他又于 1901 年发表《概率论极限定理的新形式》，对 $0<\delta \leqslant 1$ 的任意 δ 都证明了中心极限定理。李雅普诺夫的成功，其意义不仅在于他所证明的定理的内容，而且在于他在证明过程中所创造的一种崭新方法——特征函数法。这一方法的引入，实现了概率论极限理论在研究方法上的变革，为这门学科日后的飞跃发展准备了条件。

所谓特征函数方法，就是对每一个随机变数 X〔或其分布函数 $F(X)$〕做一个富里埃变换，得到一个实变数的复值函数 $f(t) = Ee^{itx} = \int e^{itx} dF(X)$；在这样的变换下，相互独立的随机变数的和的特征函数刚好是各加项的特征函数的乘积：$f(t) = Ee^{it(x_1+x_2)} = E(e^{itx_1} \cdot e^{itx_2}) = Ee^{itx_1} \cdot Ee^{itx_2} = f_1(t) \cdot f_2(t)$，这样就为研究独立随机变数和的极限分布提供了一个简便有力的工具。因为独立随机变数和的分布是各加项的分布的卷积，而在加项数目趋于无穷的场合，对卷积做数学处理是比较困难的，为此切比雪夫和马尔科夫才设法通过矩来考察其一般规律，所以矩方法所损失的信息过多。特征函数方法则保留了随机变数分布规律的全部信息，同时提供了特征函数的收敛性质与分布函数的收敛性质之间一一对应的关系，因而这一方法一经引入，就使独立随机变数和的弱极限理论获得疾足长进的机会。若干年后，两位瑞典数学家克拉梅和艾森对李雅普诺夫估值法的精确化做了很好的工作，苏联数学家伯恩施坦和林尼克也对李雅普诺夫的方法做了极大的推广，进一步的发展则导致了辛钦、格涅坚科等人现代极限理论的蓬勃发展。

1900年，李雅普诺夫以其多方面的出色成就当选为彼得堡科学院的通讯院士，转年晋升为院士并兼任应用数学部主席。这个位置自1894年切比雪夫去世以后就一直虚席以待。为此李雅普诺夫不得不告别生活工作了17年的哈尔科夫而到彼得堡赴任。大学的师生们都有些恋恋不舍，布泽斯库尔教授代表大家说出了产生这种感情的原因，他说：

> 李雅普诺夫是属于那些形成大学真正灵魂的教授们之列的，学校因这些人而存在和繁荣，他们给同事们带来榜样。一切低贱的东西对他来说都是格格不入的，他经常沉醉在科学的幻想之中。

对于李雅普诺夫个人来说，前面是一条更辉煌的道路，但他对过去的这17年怀着无限的眷恋。若干年后，每当他同人谈起往事，总是满怀深情地说，哈尔科夫的日子是他一生中最幸福的时期。

四、重返圣地

李雅普诺夫回到自己接受数学洗礼的彼得堡时，"大主教"切比雪夫已溘然谢世，但彼得堡数学学派的光辉却如北极光一样辉耀于波罗的海之滨，全欧洲都在瞩目这个新的数学研究中心。李雅普诺夫没有回母校任教，而是在科学院里从事研究和领导应用数学部的工作。

在切比雪夫众多的学生中间，成就最显赫的两位就是马尔科夫和李雅普诺夫。马尔科夫虽然只比李雅普诺夫年长一岁，但是在事业上却总是顺顺当当地走在李雅普诺夫前面，他比李雅普诺夫早两年考入彼得堡大学，又早两年从大学毕业，早五年取得硕士学位，早六年取得博士学位，早五年成为科学院院士；两人虽然同于1893年成为教授，但马尔科夫早在1886年就已成为彼得堡大学的副教授了，而当时李雅普诺夫刚取得哈尔科夫大学的讲师资格。尽管有这些差距，但是他们两人都很清楚对方的创造力，彼此视为学术上的畏友，谁也未曾想过要压倒对方来取代切比雪夫的位置。因此，尽管李雅普诺夫在概率论中心极限定理的研究中采取了一种似乎是"异端"的方法，从而使切比雪夫和马尔科夫工作中的弱点暴露出来，但他与马尔科夫之间仍然维系着良好的关系。马尔科夫由此而对矩方法做出的改进则再次引起了概率论研究方法的变革，对这门学科的现代化产生了巨大的影响。

李雅普诺夫不习惯彼得堡上流社会的那种奢华的社交活动，他经常深居简出，每天伏案工作到深夜。他身边的一些熟人多是数学界的同行，除了马尔科夫、科尔金、波瑟这些老朋友，一些年轻的新秀也开始出入他的家门。斯捷克洛夫已于1896年成为教授，1903年当选为科学院通讯院士，在正交函数论和数学物理方面颇有建树。他于1906年来到彼得堡，1907年成为科学院院士，十月革命以后曾任苏联科学院副院长和数学物理研究所所长，苏联的数学研究所曾以他的名字命名。另一个后起之秀克雷洛夫是李雅普诺夫的表外甥，毕业于海洋学院并留校任教，在近似计算和船舶设计方面卓有成绩，1914年当选为科学院通讯院士，1916年晋升为院士。

这时候，李雅普诺夫已把全部精力倾注到切比雪夫当年向他提出的旋转液团平衡态的稳定性问题上来了。1903年年初，工作刚刚有了些头绪，斯捷克洛夫从巴黎来信告诉他一个信息，原来无所不通的庞加莱也在考虑同样的课题，不久前在巴黎大学理学院使用的讲义已汇集成《流体物质的平衡形状》一书，将于近日出版。李雅普诺夫遂于2月15日复信斯捷克洛夫，不无遗憾地感谢对方的及时通告，他在信中推测庞加莱已经完全掌握了自己正在完善的思想方法，于是决定改换研究方向，开始考虑缓慢旋转的非均匀液团的平衡态问题。但是仅仅过了一个星期，李雅普诺夫就收到斯捷克洛夫寄来的庞加莱写的小册子，仔细阅读之后，他发现庞加莱的书中只以简略形式呈现自己18年以前就得到的结果，书中并没有提到近似于椭球的平衡形状存在的证明，因此他又跃跃欲试，准备在短期内先拿下非均匀液团的平衡态问题，然后再一举攻克切比雪夫当年提出的问题。关于这段插曲和他最后的战略选择，可以从他2月21日致斯捷克洛夫的信中清楚地看出来。他在信中说：

> 我的研究被中断了一个星期……这在两方面都是有益的：第一，使我选择了新的研究方向；第二，使我搞清了原来的研究存在着重要的简化的可能性。

4月7日，他在给斯捷克洛夫的信中进一步写道：

> 只是在上个星期，我才消除了在证明拉普拉斯问题级数解的收敛性上所遇到的一切疑团，现在必须把这个到目前为止还是非常复杂的证明加以简化，然后根据新的结果写一本小册子，再转向我于1月份所开始的工作。后一课题的详细报告很难在一年内写好，因为对某些内容还要认真推敲。

关于缓慢旋转的非均匀液团的平衡态问题的最早研究起始于法国18世纪数学家克莱罗，他把这类液团看成是由不同的旋转椭球面所组成的，所用方法是近似的。后来他的同胞拉普拉斯提出了一种依赖于球函数的级数展开式的方法，但是还遗留着一个收敛性的尾巴未曾解决，这就是李雅普诺夫信中所指的"疑团"。信中提到的"一本小册子"当年就完成了，这就是《关于天体形状的理论探索》，他在书中证明了存在着近似于球体的这类条件下的平衡形状，并将问题化为某种积分-微分方程组的解，而以克莱罗方程作为自己理论体系的第一步近似。第二年他又在《关于行星形状理论中的克莱罗方程及其推广》中继续研究了这类积分-微分方程组，证明了其中的每一个方程都有一个满足于某项自然条件的定解。1915年，李雅普诺夫再一次把注意力转移到非均匀旋转液团这一课题上来，在他逝世后被发现的遗稿《非均匀旋转液团的某些平衡形状》中，人们发现他业已证明任何非分叉的麦克劳林椭球或雅可比椭球都可能演化成新的平衡形状，它们与原来的形状相近并保持角速度不变，密度则呈弱变化。

椭球状或近似于椭球状的旋转液团的平衡问题也来源于天体力学。牛顿根据万有引力定律，提出包括地球在内的许多行星的早期都是一种在旋转轴方向上偏离的旋转椭球体，他在18世纪的继承人麦克劳林首先严格论证了这一假说，从此这类椭球便被公认为均匀旋转液团的一种可能的平衡形状。1834年，德国数学家雅可比证明了三个半轴都不同的椭球体也可能是一种均匀旋转液团的平衡形状。1874年，柯瓦列夫斯卡娅又在关于土星环的研究中阐述了环状的平衡形态。1885年，庞加莱用统一的分析方法综合上述成果，指出均匀旋转液团必定存在着多种不同形式的平衡形态，其中一个可能的形状是与椭球体近似的分叉梨状体；他还进一步推测，这种体系演化的结果可能是一大一小两个互绕旋转天体的平衡形状。1902年，G. H. 达尔文[1]根据庞加莱这一未经证明的猜测，在假定梨状体稳定的前提下解释了地球-月球系统的成因。

---

[1] 即著名生物学家达尔文的次子，时任英国皇家学会会员和剑桥大学天文学教授。

尽管有这样多的杰出学者致力于这一课题，近似于椭球体的新的平衡形态存在性的严格论证还远未达到。对于李雅普诺夫来说，详细的报告也的确"很难在一年内写好"。1905年，他先以《一个切比雪夫问题》为名，概括性地介绍了解决这一问题的一般方法和他在近期内取得的成果。详细的研究报告则以"近似于椭球体的均匀旋转液团的平衡形状"为总标题，分成四篇论文于1906、1909、1912和1914年陆续发表。

李雅普诺夫在第一篇论文中建立了基本方程并原则性地阐述了解方程的方法，由此不仅可以导致新的平衡形状存在的证明，而且可以达到所要求的任何精度。除此之外，他还找出了椭球数目与旋转液团倾角之间的关系，指出了何时存在着两个麦克劳林椭球和一个雅可比椭球、何时仅存在着两个麦克劳林椭球以及何时为球状的界限，进而又指出这些平衡形状互相转化的条件。这一篇还包括对某些超越方程的精细讨论，以此来确定分叉椭球的形状并揭示了某些平衡形状的对称性质。

第二篇主要是一些详细的近似计算，用以确定与麦克劳林椭球相近的新的平衡形状，以及这种形状应具有的角速度和数量矩。

第三篇与G. H. 达尔文1902年发表的《从一个旋转液团分出二体理论解释双星起源》一文有关。按照李雅普诺夫的研究，旋转液团在某一阶段时所具有的近似于椭球体的梨状形态是不稳定的，它将很快地恢复成椭球状，这一点与G. H. 达尔文的前提刚好相反，因此两位学者和他们各自的支持者们之间展开了一场长达数年的论战。直到1917年，G. H. 达尔文的学生、英国天体物理学家金斯验证了双方的结果，宣告 G. H. 达尔文的计算有误，这场学术上的风波才告平息。

第四篇再次回到基本方程的讨论上来，李雅普诺夫引入了一个以极角 θ 和 ψ 为自变量的函数 ζ，作为对平衡形状的表面与椭球面之间差别的标志。这使他又得到一些新的重要公式，从而建立了发现新的平衡形状的新方法。这个函数 ζ 是以无穷级数的形式给出的，它体现了与第一篇中所引入的公式间的关系。

在这一系列出色的研究报告中，李雅普诺夫不但创造了不少巧妙的近似方法来求解相应的非线性积分和积分－微分方程，而且严格地证明了这些方法的收敛性；他在斯提吉斯－黎曼意义下推广了积分的概念，并证明了若干新的球函数定理。1915 年以后，李雅普诺夫又发表了多篇论文来完善自己的理论，其中值得特别称道的是 1916 年的两篇：《近似于椭球体的均匀旋转液团的表面方程》详细地讨论了用来定义上述 ζ 函数的无穷级数；《近似于椭球体的均匀旋转液团平衡理论的新考察》则以多种数学工具证明各种存在性问题，给出了新的平衡形状的方程构造模式。

就这样，彼得堡科学院院士李雅普诺夫的大名随着他在纯粹数学和天体力学领域的卓越贡献而声誉鹊起，庞加莱、皮卡、科赫、科色拉等人都来信赞扬他的工作。1908 年，李雅普诺夫赴意大利罗马出席第四次国际数学家大会，得以会晤正在这里养病的庞加莱。1909 年他被意大利林赛科学院选为国外院士，1916 年被巴黎科学院选为通讯院士。从 1909 年起，他就是彼得堡科学院属下的欧拉全集编辑委员会的成员并亲任 18、19 两卷的主编。他是彼得堡、哈尔科夫和喀山三所大学的荣誉成员。他不愧为切比雪夫最优秀的弟子、彼得堡数学学派的健将。

五、功名身外

李雅普诺夫醉心于数学创造，在彼得堡过着一种近乎隐居式的生活。除大弟弟谢尔盖的演奏会外，人们很少能在公众场合见到他。经常出入他家门的只是少数几个亲友和同行，因此他多少给人留下一种孤芳自赏的印象，但是斯捷克洛夫说：

在李雅普诺夫看似冷淡无情甚至令人生畏的外表背面，隐藏着一个很有气概和富有同情心的魂灵。我们可以说，他具有一颗纯洁无瑕的童心。

20世纪初叶的俄国，沙皇专制统治已濒崩溃，进步的知识分子都投身于民主与解放运动的洪流之中，李雅普诺夫也不例外。1905年1月20日，他在一份抨击沙皇政府的教育制度、要求改革教育现状的宣言上签下了自己的名字。1915年，当莫斯科大学的反动教授涅克拉索夫提出要在中学开设概率论以培养学生的宗教感情时，他与马尔科夫一道对这一荒谬的提议进行了尖锐的批判。

工作之余，李雅普诺夫喜欢欣赏俄罗斯原野的壮美景色。每当夏季来临，他都要回到西姆比尔斯克母亲的旧居生活。他是一个出色的园艺师，母亲留下的乡间别墅的周围点缀着他亲手栽培的棕榈、常春藤和月季花。

他尊师敬长，常常向别人谈起切比雪夫和博贝廖夫的教导，对 И.М. 谢切诺夫的恩泽也没齿不忘。在家里，他是一个好兄长、好丈夫。父母双亡后，他毅然承担起两个弟弟监护人的义务，在很困难的情况下供养他们上学深造，直至成为有用人才。但是最能说明他富有人情味的故事还是他与妻子娜塔莉娅深沉的爱情。

还在借居姑妈家两小无猜之时，他们彼此就有了好感。1886 年 1 月，李雅普诺夫利用寒假之机，从哈尔科夫赶到彼得堡，与娜塔莉娅举行了婚礼，从此两人再没有分开过。娜塔莉娅是一位高雅的艺术鉴赏家，对斯拉夫语系的某些关系也有兴趣，翻译过若干塞尔维亚语作品。专业上和生活情趣上的差异并没有隔断两颗互相爱慕的心，温柔美丽的娜塔莉娅给李雅普诺夫的生活带来了欢乐。1911 年，娜塔莉娅在瑞士旅行时不幸染上肺病，多方寻医治疗仍无好转。这时候李雅普诺夫的小弟弟鲍里斯已是敖德萨大学的斯拉夫语教授，他希望黑海岸边的温暖气候有助于嫂嫂的康复，于是热情邀请哥哥嫂嫂前来疗养。

1911 年夏天，李雅普诺夫夫妇来到敖德萨，经过一段时间的治疗，娜塔莉娅的病情略有好转。1917 年春天，他们又一同到芬兰疗养，6 月再度来到敖德萨。为了治好爱妻的沉疴，李雅普诺夫不惜中断自己的工作，花光所有的积蓄。但是随着国内外政治局势的剧烈动荡，营养品和药品日益短缺起来。1918 年，德奥军队一度占领敖德萨，这座城市与彼得堡的联系被完全切断了，娜塔莉娅也一再昏迷虚脱。为了挣得购买高价药品的钱，李雅普诺夫应允在敖德萨大学开设讲座，讲座的名称是"关于天体的形状"，每次两个小时。

他的讲座一时轰动了校园，许多教授、讲师都赶来听讲。1918年10月28日，李雅普诺夫的第七次讲演尚未结束，娜塔莉娅病危的消息传来，他匆匆致歉后就离开了教室，听讲者中没有人会想到这堂课竟会是他的最后一次讲演。10月31日，娜塔莉娅终于停止了呼吸，李雅普诺夫悲痛欲绝，用手枪对着自己的胸膛开了一枪。人们立即将他送到医院抢救，但是他连续三天昏迷不醒。1918年11月3日，这位卓越的数学家辞别人世，享年61岁。

人们尊重他的感情，把他与娜塔莉娅合葬在一起。墓碑上刻着如下铭文：

运动稳定性理论、旋转液团平衡形状理论、微分方程定性理论的创立者，概率论中心极限定理和一系列其他深刻的数学力学课题的探索者。

（作者：苏 淳 刘 钝）

马尔科夫

彼得堡数学学派的中坚

安德烈·安德烈耶维奇·马尔科夫

(Андрей Андреевич Марков, 1856—1922)

在当代数学科学的殿堂中，一种叫作随机过程的数学模型，看似抽象，其实与大自然和人们的各种社会生产乃至日常生活活动都有着密不可分的联系。例如：从银河亮度的起伏到星系空间的物质分布，从分子的布朗运动到原子的蜕变过程，从化学反应动力学到电话通讯理论，从谣言的传播到传染病的流行，从市场预测到密码破译，其中所贯穿的随机过程理论及其应用的身影几乎无所不在。人类历史上第一个从理论上提出并研究这个过程模型的是一种被称为"马尔科夫链"的数学理论，它是20世纪初俄国数学家安德烈·安德烈耶维奇·马尔科夫的伟大创造。马尔科夫在数学上的贡献和他为科学与民主奋斗的一生，永远值得后人景仰。

一、坎坷的早年经历

与莫斯科毗邻的梁赞是俄罗斯的森林基地和谷仓，苍绿的林海和金黄的麦田覆盖着广袤的大地，蜿蜒的奥卡河静静地流过省会梁赞市，给这座城市带来繁荣与生机。1856年6月14日，马尔科夫出生在梁赞省林业厅一个六等文官的家庭。

这是一个旧式的小官吏家庭，老马尔科夫结过两次婚，共生育了五男四女，这一大家子的衣食温饱，像座山似的压在他瘦弱的肩上。然而命运多舛，老实人在官场并不得意。后来遭人诬陷被迫辞职，一家人只好迁居彼得堡另谋生路，这一年马尔科夫刚满5岁。父亲在一个有钱的寡妇那里找到了一份差事，替她管理庄园并承办一个私人事务所。这时候，马尔科夫不幸患了骨结核，膝盖肿得像面包一样，一条腿完全不能弯曲。但是马尔科夫是个性格坚强的孩子，他坚持拄拐行走，忍着剧痛活动僵直的关节。与病痛斗争的经历磨炼了他的意志，不公平的命运使他萌发了向困难抗争的勇气。10岁那年，他的腿疾经手术治疗后好转，只是稍稍留下了一点后遗症，但是这段生活在他心灵深处留下了终生难忘的印象。历史上有许多巧合，命运给彼得堡数学学派的两位大师安排了相似的童年：马尔科夫的恩师切比雪夫幼年也曾腿残。他们后来的师生情深，是不是也有同病相怜的成分呢？

中学时代开始了，马尔科夫被送到彼得堡第五中学。这是一所完全按照东正教的陈规旧俗来治理的学校。学生们每天除了要连篇累牍地背诵希腊和拉丁文经典，还要不断举行各种祈祷和忏悔仪式。马尔科夫厌恶这种令人窒息的环境，除了数学，他对学校里的其他课程都没有兴趣。为此他的父亲常被校长招到学校，为他承受那令人难堪的嘲讽与训斥。马尔科夫有两个姐姐也在这所学校读书，她们的学业成绩优秀，操行总是得到老师的表扬，唯独桀骜不驯的马尔科夫总是不能引起老师的好感。

如果以为马尔科夫仅仅迷恋数学那就错了，他也读了大量非数学内容的课外作品，但那既不是教师推荐的罗马编年史，也不是廉价的法国爱情小说，而是一些高年级学生偷偷带到学校里来的进步读物。19世纪60年代是俄国民主启蒙运动空前高涨的时期，车尔尼雪夫斯基、杜勃罗留波夫、皮萨列夫等人犀利的政论文章和生动的文学评论像春风般在青年学生中传播着，马尔科夫从这些作品中汲取了力量，对沙皇专制和教会的思想统治充满了怀疑。在一次文学课上，老师布置学生们写一篇评论来分析《叶甫盖尼·奥涅金》的抒情风格，马尔科夫却交上了一篇皮萨列夫式的书评，对普希金笔下的俄国社会进行了入木三分的分析。这一胆大妄为的举动触犯了顽固守旧的教师，他在马尔科夫的作业上批道："你过多地阅读了否认人间一切美好感情的作家的作品。"

马尔科夫的举动引起了学校当局的注意，父亲被传唤的次数越来越多了，就在临近毕业的那个学期，危机终于爆发出来。在一次例行的祈祷仪式临近结束时，心不在焉的马尔科夫把《圣经》匆匆塞进口袋，只盼着赶快跑到庭院里去一吐胸中郁积的污浊之气，凶神恶煞般的学监突然出现在他面前，指责他破坏了宗教仪式的肃穆气氛。人群大哗，仪式收场，马尔科夫被带到校长室，被斥为无神论者和无政府主义分子，校长扬言要立即开除他的学籍。父亲闻讯赶来，再三赔礼道歉才算平息了这场风波。

丑小鸭不喜欢水草蔓生的池塘，因为那里不是它未来的天地。对于数学，马尔科夫却有着一种自发的热情，他独立地学习了许多课外知识，数学水平远远地超过了一般的高中学生，当别人还在为一元二次代数方程困惑不解的时候，他已在独自钻研微分方程了。有一次他发现自己找到了一种与教科书不同的常系数线性常微分方程的解法，立即写信告诉了当时俄国最有资历的数学家布尼亚科夫斯基，后者把信转给了自己的学生科尔金和佐洛塔廖夫，他们很快给马尔科夫回了信,鼓励他投考彼得堡大学数学系,以数学作为自己终生的事业。马尔科夫发现的解法虽然已由别人先提出了,但是他的数学才能给两位学者留下了深刻印象,若干年后,他们都成了马尔科夫的老师和同事。

1874年,马尔科夫考入彼得堡大学数学系,从此脱离了那个令人感到压抑的环境,开始在绚丽多姿的数学王国里自由呼吸。1878年,马尔科夫以优异成绩毕业并留校任教,毕业论文《以连分数解微分方程》获得当年系里的金质奖。两年后他完成了《关于双正定二次型》的硕士论文,并正式给学生开课。又过了两年,他开始考虑《关于连分数的某些应用》的博士论文,于1884年通过正式答辩。

1883年,马尔科夫与自幼相识的女友瓦里瓦契耶娃结为伉俪,新娘的母亲就是老马尔科夫当年的女雇主。大学时代的马尔科夫给读高中的瓦里瓦契耶娃当过业余家庭教师,正是这种频繁的接触催开了这一对年轻人心中的爱情花朵。但是一开始那位富孀是不赞成这门婚事的,因为她一想起当年那个在花园里拄着拐杖踽踽独行的可怜孩子和经常使他忠厚的管家心绪不宁的桀骜少年,心里总是觉得他靠不住。最后,事实战胜了成见,面对这个事业上不断获得成功的青年助教,她终于感到无可挑剔了。

二、问津数论王国

对于一个决心把终身奉献给数学的年轻人来说,彼得堡大学具有足够的魅力:切比雪夫正在这里稳步地实施着建立一个俄罗斯数学学派的抱负，科尔金、佐洛塔廖夫、索霍茨基、波瑟也都正当盛年。马尔科夫的事业将从这里开始。他如饥似渴地向这些前辈们学习，很快熟悉了他们的风格和方法，成了这个数学团体中的一个新成员。当科尔金和佐洛塔廖夫在高年级学生中组织代数与数论的讨论班时，他们毫不犹豫地把这个在中学时代就敢于向大权威谈论自己发现的学生吸收进来。马尔科夫不负众望，他的第一项重要的数学工作，就是沿着科尔金和佐洛塔廖夫两人所开辟的道路完成的。

型的理论是代数数论中的一个重要课题，欧拉、拉格朗日、高斯这些大数学家都曾为它付出艰辛劳动。表达式 $ax^2+2bxy+cy^2$（a、b、c 皆为整数）是一个二元二次型（亦称双二次型），这是二次型中最简单的一种形式。在给定判别式 $D=b^2-ac$ 的条件下，寻找二次型的极值是一件相当有意义而又十分棘手的工作，若干年来虽然有一些进展，但是疑点仍然不少。例如对于具有负的判别式值的双二次型来说，人们曾证明了存在着相同类最小值的上界 $\sqrt{\frac{4}{3}|D|}$，而且该类型还具有这样一种性质：对于开区间（0，$\frac{4}{3}$）中的任意一个 K 值，都可有一列该类二次型，其最小值任意精确地渐近于 $\sqrt{K|D|}$，而判别式一旦成为正值，这种连续性就骤然消失了。那么，对于判别式为正的双二次型来说，其最小值的分布呈现什么样的状态呢？科尔金和佐洛塔廖夫证明了在 $D>0$ 的条件下，只有 $a=-2b=-C=\sqrt{\frac{4}{5}D}$（或与其等价）这种双二次型的最小值才是 $\sqrt{\frac{4}{5}D}$，而其

余形式的双二次型的最小值都不大于 $\sqrt{\dfrac{1}{2}D}$。这一结果得到法国当时著名数学家埃尔米特的高度评价。

马尔科夫 1880 年的硕士论文就是对这一结果的彻底完善化。他证明了两位老师找到的数值 $\dfrac{4}{5}$ 和 $\dfrac{1}{2}$ 不过是一个收敛于 $\dfrac{4}{9}$ 的无穷递减正数列 $\{N_k\}$ 中的前两项,而通项 N_k 的值则取决于不定方程 $x^2+y^2+z^2=3xyz$ 在某些附加条件下的整数解。他还给出了由不定方程的解来计算 N_k 的具体方法,从而建立了二次型表示论与古老的丢番图方程的联系。他的进一步结论是:(1)对于数列 $\{N_k\}$ 中的每一项,都有一种最小值为 $\sqrt{N_k \cdot D}$ 的正的不定二次型与之对应;(2)若正的不定二次型的最小值不小于 $\sqrt{\dfrac{4}{9}D}$,则必为数列 $\{\sqrt{N_k \cdot D}\}$ 中的一个。这样,马尔科夫就彻底地搞清了判别式大于零时不定双二次型最小值的分布情况,极大地推进了科尔金和佐洛塔廖夫的结果。

在这项研究中,马尔科夫已表现出了切比雪夫等前辈学者对他的影响,那就是善于联系经典问题、充分利用初等工具、追求解的精确性与实用性和不畏繁复计算等鲜明的彼得堡风格。论文附有一个包括前 20 个 N_k 值计算程序和结果的大表,每一行数据都对应着一个复杂的丢番图方程。甚至早期彼得堡数学家的一个缺点在这项研究中也有所反映,那就是马尔科夫完全排斥了几何背景,因为他和切比雪夫一样怀疑几何语言的严密性。其实,在型表示论中借用几何语言最自然不过了。高斯关于三元二次型几何意义的说明被认为是闵可夫斯基关于数的几何理论的开端，早期彼得堡数学家在这一领域可谓失之交臂。

不管怎么说，马尔科夫这项工作的完成，表现了他超乎常人的数学直觉和洞察力，这种能力加上坚韧不拔的毅力使他很快就超过了自己的许多老师和同辈，成为彼得堡数学学派的杰出代表和中坚分子。

双二次型最小值的分布搞清楚以后，马尔科夫开始注意多个变元的二次型，只是由于教务倥偬，直到11年后才发表了进一步的研究成果。1901年，他在《关于不定三元二次型》中给出了该类型的前四种极值形式（其中一种也为科尔金所得到）。1909年，他汇集了自己关于三元二次型的成果，出版了包括所有判别式不大于50的三元二次型最新数据在内的专著。这些工作都是伴随着大量复杂的计算进行的，马尔科夫不仅通过计算提供了问题的解，而且对于发展计算方法也做出了贡献。以后他又研究了四元二次型，并得到其极值的前两种形式。

代数数论中的另一个重要课题是关于理想的理论。1843年，德国数学家库默尔在企图证明费马大定理的壮举中被一道小河沟挡住了。看过他手稿的狄利克雷毫不客气地指出，代数域上的素因子分解唯一性定理对代数数不一定成立，而素因子唯一分解的假定对于他的证明又是绝对必要的。为了克服这一障碍，库默尔开始在一系列论文中创立和发展一种叫作理想的理论，借助理想数来实现代数域上素因子的唯一分解。举例来说，在数域 $a+b\sqrt{-5}$ 中，$6=2\times3=(1+\sqrt{-5})(1-\sqrt{-5})$，容易看出数 6 的这四个因子都是该域中的素整数，因此唯一性分解不成立。但如引进理想数 $\alpha=\sqrt{2}$、$\beta_1=\dfrac{1+\sqrt{-5}}{\sqrt{2}}$、$\beta_2=\dfrac{1-\sqrt{-5}}{\sqrt{2}}$，则 $6=\alpha^2\beta_1\beta_2$ 为唯一分解（注意这时 2 和 3 不再是不可分解的了，因为 $2=\alpha^2$，$3=\beta_1\beta_2$）。从此对理想的研究在一个时期内达到高潮。佐洛塔廖夫曾致力于三次方根域上理想素因子的分解，可惜这位年轻有为的学者 31 岁就逝世了。在为纪念佐洛塔廖夫而出版的文集中，马尔科夫给出了数域 $\sqrt[3]{A}$ 分解为理想素因子的当时最好结果，并算出了 $A\leqslant 70$ 的所有数据。

马尔科夫等人在代数数论方面的工作与切比雪夫在解析数论方面的工作一起，确立了彼得堡数学学派在数论领域的领先地位。但他并不以此为满足，而是很快地把目标转向一系列更广泛的数学题材，特别是在古典分析领域做出了新的贡献。

三、涉足分析领域

古典分析是彼得堡数学家擅长的又一个领域，马尔科夫广泛涉猎了这一领域中的若干分支：从矩的理论到积分运算、从函数逼近论到微分方程、从内插法到近似计算，处处都有他辛勤耕耘的足迹。这一系列工作是从切比雪夫的一篇论文开始的。

1833 年，法国一个不太出名的数学家比内梅在向巴黎科学院递交的一篇论文中，将力学中矩的概念做了推广，文章直到 34 年后才在刘维尔的杂志上刊登出来。切比雪夫立即意识到矩的研究具有重要意义，并试图在概率论的极限定理证明中应用这一工具。他在 1874 年写成的论文《关于积分的极限值》中提出：若函数 $f(x)$ 在区间 (a,b) 上非负，并且前 $n+1$ 个矩 $m_k=\int_a^b y^k f(y)\,\mathrm{d}y$（$k=0$，1，$\cdots n$）都已给出，要求在 (a,b) 中找到适当的 x 值，使得积分 $\int_a^x f(y)\,\mathrm{d}y$ 分别取得该区间上的最大值和最小值。他本人以连分数形式给出了某些极值不等式，但没有证明。1884 年，马尔科夫在《某些切比雪夫积分的证明》一文中给出了这些不等式的严格证明，并在同年通过的博士论文的第三部分给出了切比雪夫问题的完整解答。

后来马尔科夫在概率论的研究中一再回到矩的问题上来，其中最重要的一个结果发表在 1897 年的《关于矩的 L 问题》中，在这里他把切比雪夫问题拓广为：若已知其前 $n+1$ 个矩的非负函数 $f(x)$ 在区间 (a,b) 上满足不等式 $0\leq f(x)\leq L$（L 为一给定常数），又设 $g(x)$ 是给定了的 (a,b) 上的实函数，要求找出积分 $\int_a^b f(x)g(x)\,\mathrm{d}x$ 对一切可能的 $f(x)$ 的最大值和最小值，并分别确定使其达到极值的两个具体的函数 $f_1(x)$ 和 $f_2(x)$。这里已经出现了泛函的雏形，马尔科夫在假定了 $g(x)$ 前 $n+1$ 阶导数存在且它本身在 (a,b) 上不变号的条件下解决了这个问题，这使他建立起了一种相当简单而又带有修正项的新的求积公式。

几乎在马尔科夫证明切比雪夫不等式的同时，荷兰数学家斯提吉斯也开始了同样的研究，他在《关于所谓力学积分法的研究》一文中给出了与马尔科夫类似的结果。一开始俄国数学界宣称拥有优先权，斯提吉斯则声称自己没看到马尔科夫的论文，也不知道切比雪夫原先提出的问题。事实也的确是这样。问题搞清楚以后，马尔科夫与斯提吉斯成了很好的朋友，他们寄书鸿雁，频繁地交流各自在矩理论以及有关内插法、构造积分、余项估价和连分数等方面的新成果，这种关系一直维持到斯提吉斯逝世。就在斯提吉斯去世前不久，他发表了带有综述性的《关于连分数的研究》，其中解决了无穷区间（0，∞）上的矩问题，并且给出了所要寻找的函数的一切整数阶矩的连分数表达式。作为回答与对好友的纪念，马尔科夫于1895年发表了《关于某些连分数收敛性的两个证明》，在其中给出了斯提吉斯连分数收敛的充分条件：$\lim\limits_{K\to\infty} \sqrt[K]{m_k} < \infty$。

十余年来，马尔科夫和斯提吉斯共同研究矩的理论，他们都是从古典分析中的问题出发，企图对积分的上、下界给出一个精确的估计，工作中又都大量运用了连分数这一工具，所以不谋而合与互相启发的现象常常出现在两人之间。但是马尔科夫对精确的结果特别感兴趣，不惮于繁复的数字运算，并把对于积分的估值应用到概率论中，这是彼得堡数学学派风格之体现。而斯提吉斯更注意从一般的原则上去考察矩问题，他更关心的是积分形式的意义，而不是其估值的结果，从而导致了一类应用广泛的斯提吉斯积分的出现，为实变函数论的日后发展开辟了道路，这又很有些法兰西数学学派的味道了。

马尔科夫如同他的导师切比雪夫一样，对实际问题具有浓厚的兴趣，他在函数逼近论方面的工作就是一例。出于化学理论上的需要，彼得堡大学的著名化学家门捷列夫曾提出过一个问题。

这个问题从数学上说相当于找出定义在闭区间 $[a, b]$ 上的 n 次多项式 $f(x)$ 的导数 $f'(x)$ 在某种条件下的最大值。1889 年，马尔科夫在题为《关于一个门捷列夫问题》的论文中，解决了由多项式的上界来求其导数多项式上界的问题，即令 $|f(x)| \leqslant L$，则有 $\max f'(x) = 2n^2 L / (b-a)$。这一问题也可表示为偏离零点的多项式的最大偏差的估计，因此与切比雪夫所建立的一系列结果都有关系。1892 年，马尔科夫的同父异母弟弟弗拉基米尔曾把这一问题推广到求导数多项式的上确界的情况，可惜这位颇有数学才华的弟弟 26 岁便死于肺结核。马尔科夫还研究过许多其他的实际问题，其中包括将空间曲面部分最小变形地转换到平面，以及铁路弯道的曲率等。

马尔科夫对微分方程的贡献主要是关于拉梅方程和超几何方程的研究。他确定了一个超几何方程的两个解的乘积可作为整函数的条件，研究了这些函数与拉梅函数的零点分布，这些工作还导致了以初等函数表示积分，并涉及了大量的近似计算方法。

马尔科夫在博士论文中就给出过关于高斯积分余项的表达式，在《关于级数收敛的加速变换》一文中又首次引入一种加快级数收敛速度的方法，这种方法被人称为"马尔科夫变换"。他对计算的偏爱最明显地表现在 1888 年发表的具有八位小数的《积分 $\int_x^\infty \exp\left\{-\frac{1}{2}t^2\right\} \mathrm{d}t$ 数值表》中。他的更多的关于近似计算理论和方法的成果则被汇集到《有限演算》这一专著之中，这本书是计算方法从以古典分析为主要工具的时期向以广泛采用函数论工具的新时期过渡的代表作。

马尔科夫在古典分析领域里的工作，显示了他扎实的基础和广博的知识，这对于继承和发展切比雪夫所开创的事业来说是极其可贵的。我们也可以看出，从代数数论到古典分析，马尔科夫的一个主要目标就在于完善对数学对象的估计。无论是二次型还是多项式，无论是积分还是导数，他都希望给出一个尽量精确的关于上、下限的表达式。当他后来巧妙地把自己对积分界的估计用于概率论中古典极限定理的证明时，就引起了这门学科面目的极大改观。

四、把概率论推进到现代化的门槛

把概率论从濒临衰亡的境地挽救出来，恢复其作为一门数学学科的地位，并把它推进到现代化的门槛上，这是彼得堡数学学派为人类做出的伟大贡献。切比雪夫、马尔科夫和李雅普诺夫师生三人为此付出了艰辛的劳动，其中尤以马尔科夫的工作最多，据粗略统计，他生平发表的概率论方面的文章或专著共有 25 篇（部）之多（切比雪夫和李雅普诺夫在概率论方面的论文分别各为 4 篇和 2 篇）。

大约从 1883 年起，马尔科夫就开始考虑概率论中的基本问题了。19 世纪八九十年代，他主要是沿着切比雪夫开创的方向，致力于独立随机变量和古典极限理论的研究，从而改进和完善了大数定律和中心极限定理。进入 20 世纪以后，他的兴趣转移到相依随机变量序列上来，并创立了使他名垂千古的那个概率模型。

概率论中的一个基本问题就是探索概率接近于 1 时的规律，特别是大量独立或弱相依因素累积结果所发生的规律，大数定律就是研究这种规律的命题之一。1845年，切比雪夫第一次严格地证明了伯努利形式的大数定律，次年他又把结果拓广到泊松形式的大数定律。在概率论门户萧条的年代里，切比雪夫的工作无疑起到了力挽狂澜的作用，但是由于处理手法还不够完善，所得结果还是比较粗糙的。马尔科夫不满意切比雪夫要求随机变量的方差值一致有界的条件，经过努力他找到了两种更合理的条件，极大地改进了切比雪夫的结果。

中心极限定理则是极限理论的又一重要内容，它讨论随机变数和依分布收敛到正态分布的条件，在众多的科学技术领域里具有重要意义。前文已经提到，切比雪夫首先尝试在概率论的背景中使用矩方法。1884年马尔科夫证明了切比雪夫提出的不等式后，他加快了工作步伐，于1887年得到中心极限定理的初步证明。说它是初步的，是因为无论在定理的陈述还是在证明过程中都有某些缺陷。马尔科夫热爱自己的导师，但他更热爱真理，在给彼得堡数学学派的另一成员、喀山大学的瓦西里耶夫的信中，他特别称老师的结果为"切比雪夫正在证明的定理"，这封信后来以《大数定律和最小二乘法》为题发表在1898年的喀山大学数理学报上。同年，马尔科夫又在《关于方程 $e^{x^2}(d^n e^{-x^2}/dx^n)=0$ 的解》一文中，尽力精确地陈述并证明了切比雪夫提出的命题。改进后的矩方法被人称作切比雪夫 – 马尔科夫矩方法。马尔科夫把自己和老师的一系列结果，都写进1900年出版的《概率演算》一书之中。这部书是他在概率论方面的集大成著作，以后每次再版他都增添一些新的内容。

至此矩方法已获得了辉煌的胜利，但是出人意外的事情发生了：1902年春天，马尔科夫的一个低班校友，也是他最敬重的同事和最有力的竞争者李雅普诺夫，在哈尔科夫工作了17年后回到彼得堡。在此前的一两年中，李雅普诺夫从一个全新的角度去考察中心极限定理，引入了特征函数这一有力工具，从而不仅避免了矩方法要求高阶矩存在的苛刻条件，在相当宽的条件下证明了中心极限定理，而且通过特征函数实现了数学方法上的革命，为这一定理的进一步精确化准备了条件。

与矩方法相比，特征函数法显得更灵活、更具一般性。马尔科夫经常自我揶揄地说，李雅普诺夫这个玩笑开得太大了，言外之意好像是说这位师弟掘了自家的祖坟。其实他一直在暗中奋斗，以求恢复矩方法的声誉。经过8年的努力他终于获得成功，在《关于概率极限的定理与李雅普诺夫院士的论辩》一文中，他创造了一种"截尾术"，即在适当的地方截断随机变量使其有界，这样就可以既不改变它们和的极限分布，又能保证其任意阶矩的存在。这一成果在方法论上的意义是巨大的，它不仅克服了特征函数法过分依赖独立性的弱点，开辟了通向非独立随机变量研究的道路，而且突破了特征函数仅适用于弱极限理论范畴的局限，为强极限理论的发展提供了有力的手段。马尔科夫应用这一技术一举实现了他多年来精确论证中心极限定理的理想，他的研究成果被收入《概率演算》的第三版中。马尔科夫和李雅普诺夫关于方法论的竞争，极大地丰富了20世纪初概率论的内容，对这门学科的现代化产生了深远影响。今天，"截尾术"已经与"对称化""中心化"一起，成为现代极限理论中的三大技术，它们连同特征函数一道在这一领域发挥着难以估量的作用。

出于扩大极限定理应用范围的目的,马尔科夫在20世纪初开始考虑相依随机变量序列的规律,并从中选出了最重要的一类加以研究。1906年他在《大数定律关于相依变量的扩展》一文中,第一次提到这种如同锁链般环环相扣的随机变量序列 $\zeta_1, \zeta_2, \cdots, \zeta_{k-1}$, $\zeta_k, \cdots$,其中第 k 个变量 ζ_k 各以多大的概率取什么值,完全由它前面的一个变量 ζ_{k-1} 来决定,而与它更前面的那些变量无关。这就是被后人称作"马尔科夫链"的著名概率模型。就是在这篇论文里,马尔科夫建立了这种链的大数定律。

这一模型的哲学意义是十分明显的,用苏联数学家辛钦的话来说,就是承认客观世界中有一种现象,其未来由现在所决定的程度,使得我们关于过去的知识丝毫不影响这种决定性。这是惠更斯无后效原理的概率推广,也是对拉普拉斯决定论的否定。

法国数学家拉普拉斯曾对概率论的早期发展做出过重大贡献,但他的部分哲学观点并不利于这门学科的深入发展。18世纪以来,随着牛顿力学的彻底胜利,一种机械唯物主义的决定论思潮开始在欧洲科学界蔓延,鼓吹最有力者就是拉普拉斯。1795年他在巴黎师范学院发表了一篇题为《概率论的哲学探讨》的演讲稿,淋漓尽致地表达出了这种思想,他说:

> 假如有人知道了某一时刻支配自然的一切力,以及它的一切组成部分的相对位置,又假如他的智力充分发达,能把这一切数据加以充分分析,把整个宇宙中从最巨大的

天体到最微小的原子的一切运动完全包括在一个公式里面，这样对他就没有什么东西是不确定的了，未来也好，过去也好，他都能纵览无遗。

1812 年，拉普拉斯又进一步提出"神圣计算者"的观念，认为这个理想的数学家只须知道世界在某一时刻的初始状态，就可以从一个无所不包的微分方程中算出过去和未来的一切状态。换句话说，他认为任意系统在 $t>t_0$ 时的状态 ζ 可由其初始时刻 t_0 和初始状态 ζ_0 唯一决定：$\zeta=f(t_0, \zeta_0, t)$，这里 f 是一个微分方程。这可真是笔判终身、细评流年，数学家可以摆个卦摊了！可是在马尔科夫的概率模型里，代替初始条件 t_0 和 ζ_0 的是一个条件概率，即在时刻 t_0 处于状态 ζ_i 的条件下，于时刻 t 出现状态 ζ_j 的概率 $P(t_0, \zeta_i; t, \zeta_j)$对于三个不同时刻 $t_0<t_1<t_2$ 之间的概率，存在着 $P(t_0, \zeta_i; t_2, \zeta_j) = \sum_{k=1}^{n} P(t_0, \zeta_i; t_1, \zeta_k) P(t_1, \zeta_k; t_2, \zeta_j)$，这里 n 表示状态的总数。这一公式与拉普拉斯的微分方程有本质上的不同，它从根本上否定了系统中任一状态 ζ 与其初始状态 ζ_0 之间的因果必然性，从而也否定了"神圣计算者"的神话。

马尔科夫所建立的概率模型不但具有深刻的哲学意义，而且具有真实的物质背景，在他的工作之前或同时，一些马尔科夫链或更复杂的随机过程的例子已出现在某些人的研究中，只不过这些人没有自觉地认识到这类模型的普遍意义或用精确的数学语言表述出来罢了。例如 R. 布朗于 1827 年发现的悬浮微粒的无规则运动、高尔顿于 1889 年提出的家族遗传规律、埃伦费斯特于 1907 年关于容器中分子扩散的实验等,都可用马尔科夫链或过程来描述。正是在统计物理、量子力学、遗传学以及社会科学的若干新课题、新事实面前,决定论的方法显得百孔千疮、捉襟见肘。

有趣的是,马尔科夫本人没有提到他的概率模型在物理世界的应用,但是他利用了语言文学方面的材料来验证链的真实背景。在《概率演算》的第四版中,他统计了长诗《叶甫盖尼·奥涅金》中元音字母和辅音字母交替变化的规律:

> Не мысля гордый свет забавить,
> Вниманье дружбы возлюбя,
> ……[1]

诗人那火一般的诗篇在数学家那里变成了一条冷冰冰的锁链:

СГСГССГСГССГСССГССГСГСГСССССГСГСССГССГС
СГСГСССГСГ……

在这条锁链上只有两种链环,С 代表辅音、Г 代表元音(为了使问题简化,可把两个元音字母算作辅音)。马尔科夫分别统计了在 С 后面出现 С 和 Г 的概率 p 和 $1-p$,以及在 Г 后面出现 С 和 Г 的概率 q 和 $1-q$,把结果与按照俄语拼音规则计算出的结果进行比较,

---

[1] 这是长诗开头的两句,意为:"我不想取悦骄狂的人世,只希望博得朋友的欣赏。"

证实了语言文字中随机的（从概率论的意义上讲）字母序列符合他所建立的概率模型。

完成了关于链的大数定律的证明之后，马尔科夫在一系列论文中开始研究链的中心极限定理。1907年他在《一种不平常的相依试验》中证明了齐次马尔科夫链的渐近正态性。1908年在《一个链中变量和的概率计算的极限定理推广》中又做了进一步的推广。1910年他发表了重要论文《成连锁的试验》，在其中证明了两种情况的非齐次马尔科夫链的中心极限定理，与此同时他在一些假定的前提下证明了模型的各态历经性，这是在统计物理中具有重要作用的遍历理论在数学上得到的第一次严格证明。这个理论亦称各态历经理论，是奥地利物理学家玻耳兹曼于1871年提出来的，其大意是：一个系统必将经过或已经经过其总能量与当时状态相同的另外的任何状态。

马尔科夫链的引入，在物理、化学、天文、生物、经济、军事等科学领域都产生了连锁性的反应，很快地涌现出一系列新的课题、新的理论和新的学科，并揭开了概率论中一个重要的分支——随机过程理论蓬勃发展的序幕。

马尔科夫在概率论方面还有其他一些成就，如最小二乘法、方差系数的估计等。他不愧为概率论现代化进程中最伟大的设计师和先行者，他对古典极限理论和相依随机变量序列的研究构成了彼得堡数学学派历史上最辉煌的一章。

五、为科学与民主而斗争

1886年,马尔科夫经切比雪夫提名成为彼得堡科学院的候补成员,1890年当选为后补院士,1896年成为正式院士。对于这一俄国科学界的最高荣誉,他抱着一种十分淡泊的态度,为了伸张真理与正义,他可以抛弃一切功名利禄。他不是一个把自己关在书斋里不问天下事的学者,他提倡科学,反对迷信,关心哲学和社会问题,憎恨教会与沙皇的专制统治,在19世纪末20世纪初俄国先进知识分子争取科学与民主运动的潮流中,他是一个勇敢无畏的斗士。

马尔科夫的代表作《概率演算》,不但是概率学科中不朽的经典文献,而且可以看成是一篇唯物主义者的战斗檄文。这部巨著带有强烈的论战性质,而论战的主要对手竟是作者恩师切比雪夫的老师,被认为是俄国数学元宿的布尼亚科夫斯基。

布尼亚科夫斯基早年留学巴黎,回国后任彼得堡大学的数学教授和科学院院士,他于1846年出版的《概率论的数学基础》是俄国第一部概率论教科书,对于这门学科在俄国的传播和发展起到了一定的历史作用,但是书中也存在着严重的错误,那就是过分强调概率论应用于"伦理科学"的意义和宣扬不可知论的思想。

把概率论的方法应用到社会科学中本来是法国大革命时代一些数学家的大胆尝试,但是由于拉普拉斯等人决定论的影响,这些学者们往往把复杂的社会现象视为服从牛顿力学的机械运动,因而这种应用反而损坏了概率论的声誉。布尼亚科夫斯基在自己的著作中以长达60页的篇幅叙述"把概率分析应用到供词、传说、候选人与意见之间的各种选择和依多数表决的司法判决"。其中一个典型的例子是这样的：由全部俄文字母中任取 6 个并按取出顺序排列起来，有两个证人说组成了 MOCKBA（莫斯科）这个词，问："证词是真的"这件事的概率是多少？在假定 6 个俄文字母所组成的词共有 5 万而证人说真话的倾向为 9/10 的条件下，布尼亚科夫斯基算得一个小于 1/300 的概率，这当然大大低于一般人按常识判断出的结果。如果法庭以此来判定证词的真伪，两个"基本上诚实"的证人岂不冤枉？马尔科夫在《概率演算》中尖刻地嘲讽了这个概率论应用于"伦理科学"的例子，他写道：

　　（这个例子）充分阐明在解类似我们所讨论的这种本质上很不确定的问题时，不可避免要引出许多任性的假设。如果容许证人能有错误并且取消其证词的独立性，则所考虑的问题还会有更不确定的性质。

这就一针见血地道破了这种应用的荒诞不经。

如果说布尼亚科夫斯基在概率论的某些应用方面的错误是受法国数学家影响的话，那么他在认识论方面的错误则是从拉普拉斯等人的机械唯物论退到了滥用终极理由的神学和不可知论。他宣称概率论"所考虑和估值的是这样的现象：它们依据我们完全不知道的原因，并且由于我们的无知，我们对这些原因也无法做任何假设"。他又说：

有些哲学家以极不体面的方式，试图把关于证据和传说弱化的概率公式应用到宗教信仰上，以此来动摇它们。

对于这种宗教卫道士式的言论，马尔科夫在《概率演算》中进行了针锋相对的批判，他说：

> 不管数学公式如何，对不大可能的事件的叙述就仿佛对久远年代以前发生的事件一样，显然应该予以极端的怀疑。因此我们无论如何不能同意布尼亚科夫斯基院士的意见，仿佛必须划分出某一类叙述，对这类叙述怀疑一下就认为是大逆不道的了。

明眼人都知道"这类叙述"指的是什么。布尼亚科夫斯基的原意是要在《圣经》等宗教经典中的传说与一般世俗传闻之间划一条明确的界限，对于前者绝对不允许使用概率论的手段去分析。马尔科夫和布尼亚科夫斯基的这段论战，成了他与教会彻底决裂战斗中的一颗重磅炸弹。

1896年，俄国末代沙皇尼古拉二世登基，这是一个残酷暴虐的家伙，被人称作"血腥的尼古拉"。从青年时代就受到民主启蒙运动熏陶的马尔科夫，对沙皇的专制统治非常鄙夷，在接纳伟大的无产阶级文学家高尔基为科学院名誉院士的斗争中，马尔科夫与许多富有正义感的院士们一起，与尼古拉二世的粗暴干涉进行了勇敢的斗争。

1902年2月25日，科学院文学部联席会议通过了一项决议，接纳高尔基为名誉院士，在这以前不久他刚刚因为发表了《海燕之歌》而遭到宪兵搜捕和被流放。这一藐视沙皇专制的事件引起了尼古拉二世的愤怒，他公然给国民教育大臣发布了一道手谕："委托您宣布，按照朕的命令，高尔基的当选无效。"受到压力的科学院院务委员会于3月12日发布了一个取消高尔基当选资格的文告。

对于沙皇的这一粗暴干涉，科学院中的进步人士表示了强烈的愤慨，柯罗连科、契诃夫等人宣布退出科学院以示抗议，身在数理学部的马尔科夫于4月6日向院务委员会递交了如下声明：

> 我认为科学院关于取消高尔基当选资格的文告是无效的和被强加的：第一，文告盗用了科学院的名义，但事实上科学院并无意取消这一资格；第二，文告所借用的理由是毫无意义的。

虽然马尔科夫在院务委员会上要求宣读这一声明，但是遭到执行主席的拒绝。于是他又采取了进一步的行动，两天以后，他向充任科学院院长的沙皇的叔父康斯坦丁递交了辞去院士称号的声明。这个根本不懂得科学的院长一面劝告马尔科夫撤回声明，一面竭力向报界隐瞒事件的真相，害怕更多的科学家效法马尔科夫采取对抗行动。只是由于当时马尔科夫在科学院里正担负着编辑切比雪夫文集的工作，他才没有采取更激烈的措施。但是直到1905年，他还不忘上书院委会，提请撤销其1902年的错误文告。

在这一事件中，马尔科夫对科学院的上层集团屈服于沙皇的淫威深感失望。1903年年初，他以院委会要从其成员所得科学奖金中抽税一事为借口递交了一份备忘录，上面写着：

> 我最诚恳地提请院委会注意，我决不申报任何奖励，也决不期望得到任何奖励。

其实马尔科夫这一举动的真正目的不在于反对征税，而是以此显示自己决不同听凭沙皇摆布的院委会同流合污。

1905年的民主革命失败以后，俄国政治上开始了一个极端反动的时期。1907年6月3日，沙皇任命的首相斯托雷平悍然解散了有社会民主党人参加的第二届国家杜马，随后组织代表地主和资产阶级利益的第三届国家杜马。为此，马尔科夫照会科学院理事会说：

> 第三届国家杜马的建立完全违背了宪法，因而它根本不是一个代表人民意愿的议会，而只是一个非法的团体，因此我最坚决地请求理事会不要将我的名字列入选民的名单之中。

在斯托雷平铁腕改革时期，大学里的进步民主力量遭到了破坏，1908年国民教育部发表通告，重申取消大学自治、恢复学监制度、封闭一切社团。对此马尔科夫非常气愤，他立即给教育大臣写了一封信，信中声称："我最坚决地拒绝在彼得堡大学充当沙皇政府走卒的角色，但我将保留开设概率论课程的权利。"

在与沙皇政权的一系列冲突之后，马尔科夫与沙皇专制的重要精神支柱东正教教会实行了决裂。东正教最高会议的头目是尼古拉二世的私人教师和谋臣，他们在奴役俄国各族人民、镇压日益高涨的民主运动等一系列问题上是沆瀣一气的，沙皇当局不便直接出面镇压，就由东正教会来干涉，1901年东正教最高裁判所就宣布大文豪托尔斯泰为异教徒并开除了他的教籍。马尔科夫从青年时代就具有无神论的倾向，托尔斯泰的思想对他也有一定的影响。1912年2月12日，马尔科夫致信东正教最高会议，信中写道：

> 我最诚挚地请求革除我的教籍。我希望以下我所摘引的本人所写的《概率演算》一书中的言论可以成为除籍的理由，因为这些言论已经充分表明我对成为犹太教和基督教教义之基础的那些传说所持的反对态度。

下面马尔科夫整段地摘引了我们在前文所提到的他与布尼亚科夫斯基之间的论战，为了使那些不懂得什么是概率论的神父了解他的意思，他又火上加油地写下了以下的话：

> 如果上述言论还不足以构成开除我教籍的理由的话，那么我再次恳切地提请你们注意：我已经不认为在圣像和木偶之间有什么本质的区别，它们当然不是上帝们，而只是上帝们的偶像；我也早就不赞成任何其他宗教，它们也

都如同东正教一样，是靠火与剑来维持并为其服务的。

这无疑是向教会神权的宣战。教会在反动报刊上对他组织了围攻，同时彼得堡教区的总主教还派代表企图说服他放弃这一表明，但马尔科夫表示："只与来人谈数学。"万般无奈的教会只好革除了他的教籍。

马尔科夫的这一行动与托尔斯泰 1901 年被东正教除籍一事有什么关系，我们手头没有更充分的材料能加以说明，但根据马尔科夫的儿子所写的传记，他父亲当年的行动正是为了揭露教会开除托尔斯泰教籍"这一散发着中世纪霉臭的荒唐举动"而做出的。有一点也十分明确，那就是他们在宗教与科学关系的看法上有惊人的相似之处。数学家在托尔斯泰的作品中能发现许多他们感兴趣的内容，《战争与和平》中那个教女儿几何学、自己演算高等数学的老保尔康斯基公爵的原型据说就是托尔斯泰的外祖父。在这部名著的尾声我们还可以读到有关概率论的一段议论。托尔斯泰在谈到当代科学与旧的宗教、法律、道德规范之间的关系时写道：

> 自从有人说出了并且证明了出生率和犯罪率服从数学定律，一定的地理的和政治经济的条件决定这种或那种政府形式，人口和土地的一定关系产生人民的移动，从那个时候起，历史所寄托的那些基础便在实际上被毁坏了。

这不正是布尼亚科夫斯基感到恼火的"有些哲学家"的言论吗？

1913年，沙皇政府为了转移国内日益高涨的革命情绪和准备帝国主义战争，决定以1613年全俄贵族会议选举米哈依尔·罗曼诺夫为沙皇这一历史事件为标志，举行浮华的罗曼诺夫王朝建立三百周年庆典。与此针锋相对，马尔科夫决定以瑞士数学家伯努利于1713年出版的《猜度术》为标志，在科学界发起庆祝大数定律[1]发现二百周年的活动。这一行动清楚地表明了马尔科夫对建立在奴役与压迫基础上的罗曼诺夫家族统治的极端蔑视和对作为人类精神财富创造者的科学伟人的无比崇敬。

马尔科夫就是这样一个刚直不阿的学者，一个不畏强暴的勇士，一个坚定的无神论者和民主运动的斗士。

六、献身于俄国的教育事业

从1880年开始马尔科夫就在彼得堡大学任教，先是担任助教和讲师，1886年成为副教授，1893年升为正教授，1905年退休并荣获终身荣誉教授的称号。25年来，他先后讲授过微积分、数论、函数论、矩论、计算方法、微分方程、概率论等课程，为祖国培养了许多出色的数学人才。

关于马尔科夫的讲课风格毁誉不一。他与切比雪夫和李雅普诺夫不同，讲课时既不在乎板书的工整也不注意表情的生动，而且常常有意略去教科书中的传统题材，因此一般的学生抱怨不好懂，但

---

[1] 雅可比·伯努利的《猜度术》中载有世界上第一个大数定律，该书于伯努利去世8年后才出版，所以实际上大数定律的发现应在1705年之前。

少数优秀的学生发现他的课程从逻辑上来看具有无可指责的严密性，内容充实无华，其中往往还有些他本人最新的研究成果。

他从教授席位上退休以后，仍然以科学院院士的资格在彼得堡大学开设概率论课程，讲义用的就是倾注了他半生心血的《概率演算》。为了开好这门课，他反复对这部书进行了修改，直到临终前还在进行第四版的校订工作。这一最后的修订本于他逝世两年后出版。

十月革命前夕，彼得堡的局势动荡不定，科学院与大学已无正常的工作秩序，马尔科夫在这种情况下请求科学院派他到外省去从事中学教育。1917年9月，年过花甲的马尔科夫来到梁赞省一个叫萨兰斯克的县城，无偿地担负了县中学的数学教学工作。他有个14岁的儿子也一同来到这里，恰好就插班在他任课的年级，这个小马尔科夫后来也成了有名的数学家，1953年当选为苏联科学院的通讯院士。小马尔科夫的名字及父名与父亲完全相同，本文所参考的主要文献之一就来自小马尔科夫。他生于1903年，开始时研究的是理论物理和天体力学，后转向动力体系理论、测度论、拓扑学、代数等。

据小马尔科夫回忆，他父亲在县中学的第一堂课是十分吓人的。一个成绩一向优秀的学生被叫到黑板前演算，当他按照原来任课教师的要求用圆规和三角板在黑板上画图时，马尔科夫大为恼火，狠狠地批评了这种在枝节问题上精雕细琢的做法。他讲课时总是随手画出一个示意图，而把重点放在解题的思路和方法上。为了弥补学生们的知识缺陷，他经常利用课余时间引导他们做难度较大的习题。

马尔科夫父子到萨兰斯克不久十月革命就爆发了,由于内战和饥荒,他们在这里度过了一个艰苦的学年,但是马尔科夫并不介意生活条件的艰苦,他把相当大的精力用在提高学生的数学修养上,为此学校领导和当地苏维埃对他十分感谢。

1918年秋,马尔科夫因患青光眼回到彼得堡治疗,手术后他返回阔别已久的母校继续开设他的概率论讲座。这时候他的体力已远不如从前了,每次讲课都要儿子搀扶着进出教室,然而当他一站到讲台上,就感到有了精神。在几十年的教学生涯里,他比其他任何人都更忠实地向学生们灌输彼得堡数学学派的信条和理想。他继承了切比雪夫对具体问题的兴趣,不断地追求数学方法的简单化和精确的结果,善于向经典课题汲取养料,同时把自己的事业深深地扎根在大学这块沃土之中。在彼得堡数学家团体中,没有人比他更"彼得堡化"了,有一次别人向他请教数学的定义,他不无骄傲地说:

> 数学,那就是高斯、切比雪夫、李雅普诺夫、斯捷克洛夫和我所从事研究的东西。

1921年秋天,马尔科夫的病情开始严重起来,他只得离开心爱的学校。在生命的最后一年里,他还在抓紧时间修订《概率演算》。1922年7月20日,这位在众多数学分支里留下足迹和为科学与民主事业奋斗了一生的老人辞别了人世,享年66岁。

马尔科夫的遗体被安葬在彼得堡的米特罗方耶夫斯基公墓,他的墓碑没有过多的修饰,就像他的文章和讲课一样朴素无华。然而他的思想、他的成就、他的品德就像一座巍峨的丰碑,永远矗立在真理的求索者心中。

(附注:在本文写作过程中,苏联科学院自然科学与技术史研究所的尤什凯维奇教授两次来信为我们澄清了若干疑问并提供了有关材料,特此感谢。)

(作者:苏　淳　刘　纯)

弗兰克尔
一代公理化集合论大师

亚伯拉罕·阿道夫·弗兰克尔
(A. H. Fraenkel, 1891—1965)

20世纪纯粹数学的一个主要趋势和特征就是高度抽象化，而促成这种趋势和特征的是集合化和公理化的观点。可以说，这两种观点成为数学抽象和科学抽象的范式，在此观念下形成了20世纪数学的很多抽象分支和学科，其重要程度可想而知。数学家亚伯拉罕·阿道夫·弗兰克尔就是对公理化集合论有卓越贡献的人之一。

　　但一般人所知道的弗兰克尔，更可能是那个因写了畅销书《活出生命的意义》的心理学家维克多·弗兰克尔。而大多数人并不一定知道数学家弗兰克尔，即便是数学界里知道他的人，可能也只是知道他发展了公理化集合论，是公认的公理化集合论大师，对其别的方面的成就知之甚少了。有鉴于此，本文试图通过较详细地考察和分析相关历史资料，对弗兰克尔的生平、成就和影响做出较全面的介绍，以使大家对他能有个更全面的了解。当然，上文涉及的那个与数学家同名的维克多·埃米尔·弗兰克尔（V. E. Frankl），他们之间的确不仅仅是名字相同（其实名字并不完全相同，但发音完全相同），其实很多方面都很相似，比如都是犹太血统出身、从小都曾在德语地区生活学习、都经历过纳粹肆虐的艰苦岁月、都是努力奋斗在事业上卓有成就的人物，最重要的是他们都活出了自己生命的意义。

一、犹太血统，勤勉一生

1891年2月17日，弗兰克尔出生于德国慕尼黑的一个犹太血统家庭。当时正值德国经济迅速发展时期，社会教育环境也大有改善，加之弗兰克尔的父母双亲都很重视教育，所以弗兰克尔从小就受到良好的教育。由于是犹太家庭，弗兰克尔的早期教育深深留下了犹太人传统思想的烙印。据说他的祖父是个深通犹太教教义的人，导致弗兰克尔自小就在当地的希伯来人学校上学，5岁前学的完全是希伯来语，之后才开始学习一般德国小孩所接受的普通教育内容，所以从小就浸染了犹太人的各种文化和传统，这对他后来支持犹太复国运动和选择去希伯来大学任教，都有密切关系。

弗兰克尔中学毕业后就读大学，受到家族中的一个叔父，也是位数学家的洛伊很大影响，也可以说，洛伊就是他踏入数学前沿的领路人或者伯乐，甚至对其一生的学术研究路线都有着决定性作用。洛伊在弗兰克尔出生的那年开始上大学，先后在布莱斯劳、柏林、慕尼黑和哥廷根学习，于1894年在慕尼黑获得博士学位。毕业后在弗莱堡授课，从1897年起成为无薪讲师。1902年，晋升为理论物理学副教授。他在代数学、群论、微分方程和保险数学等领域均有建树，但因犹太人的身份受到歧视，在担任副教授17年后的1919年才成为全职教授。后来，1933年，由于纳粹政府出台的公务人员法规，被迫退休。在20世纪的前10年间，洛伊在《美国数学会汇刊》上连续发表几篇文章，因此他对美国的方法论、证明论和公设分析十分熟悉。弗兰克尔在叔父的影响下对公理体系产生浓厚兴趣就不足为怪了。洛伊眼界开阔，发现弗兰克尔超人的数学天赋后，遂鼓励他去马尔堡师从亨泽尔学习。

1910 年，弗兰克尔遵从叔父的建议，来到马尔堡，正式开始在亨泽尔的指导下做博士论文。1912 年，他把 p 进域与美国的公设分析系统二者有机地结合在一起，对亨泽尔的 p 进数理论进行了公理化。1914 年，弗兰克尔年仅 23 岁便获得数学博士学位。按理说，他的学术之路应该就此踏上坦途，但是随即，也就是 1914 年 8 月，第一次世界大战爆发，他迫不得已在德国军队服役两年，成为医疗部队的一名军士，也曾在德国军队的气象服务部门做过短工，在战争中磨砺出坚韧和勇敢的性格。

1916 年，弗兰克尔受聘为马尔堡大学的无薪讲师，从此开始了成果丰硕的数学研究工作。这个时期，他在公理化集合论方面的丰硕成果奠定了他在数学史上的重要地位。1920 年 3 月 28 日弗兰克尔与普林斯结婚，育有 4 个子女。1922 年，弗兰克尔升为助理教授。之后 6 年，他一边忙于教学，一边做着大量关于集合论的研究工作。

1928 年，弗兰克尔被德国的基尔大学聘为全职教授，但他只上任一年便去耶路撒冷的犹太人希伯来大学做访问教授。因与学校的管理观念不符，遂于 1931 年重新回到基尔大学任教两年。当时的德国受世界经济萧条和残酷的《凡尔赛和约》的影响，经济混乱不堪，对犹太人的态度比从前更加偏执和狭隘。在这样恶劣的环境当中，弗兰克尔一边教书，一边时刻警惕政治格局的动荡。

1933 年 1 月，纳粹领袖希特勒成为德国总理，下令驱逐犹太人。一个月以后，弗兰克尔被迫携其家人离开德国，前往阿姆斯特丹。两个月之后，他看到德国在希特勒的统治下不可能很快转变，于是，1933年4月向基尔大学正式辞职，重新回到希伯来大学任教。希伯来大学对他没有表现出一点嫌隙之情，反而热烈欢迎他的归来。此后，弗兰克尔的研究重心有所变化，在出版集合论书籍的同时，主要侧重于科技史的研究工作，特别是侧重于研究近代逻辑学的演变以及犹太数学家和科学家的创造性贡献。他著述丰厚，撰写了很多本数学史专著。

他是希伯来大学爱因斯坦数学研究所的第一批教授之一，和兰道一起教授数理逻辑和数学分析。1958年，出版《集合论基础》，1959年光荣退休。1961年，为纪念他70岁华诞，数学会组织人员将有关他工作和生活的论文整理成文集，题目是《数学基础文集——纪念弗兰克尔七十寿辰》。以色列委员会在前言中写道：

> 1961年2月20日，庆祝弗兰克尔70岁华诞。半个世纪以来，他的书籍、论文和教学在集合论基础和数学哲学领域产生了巨大影响。

1965年10月15日，弗兰克尔在耶路撒冷与世长辞，享年74岁。

二、公理主导，集就大成

弗兰克尔紧跟时代脉搏，其数学成就自始至终都贯穿公理化观念。他用公理化思想研究早期 p 进域和环论，尤其是给出了环的第一个公理化定义。他运用公理化思想研究当时还备受争议的集合论，与策梅洛一起建立了策梅洛-弗兰克尔公理系统（简记为 ZF 系统），使得公理化集合论变得严密和清晰。下面我们分别予以介绍。

1. p 进域

继阿贝尔、伽罗瓦等数学家研究有理数域、复数域等具体域之后，p 进域走上历史舞台。

亨泽尔于 1908 年出版《代数数论》，系统论述 p 进数，对其规定加、减、乘、除四种基本运算，从而构成一个域，称为 p 进域。他进而研究 p 进域的代数扩张及其整数环，在 p 进域上建立了一般的代数理论。

p 进域和实数域一样，相当于是有理数域的一个完备化，但是其性质又与实数域有很大不同。实数域具有阿基米德性质，亦即，对于任意两个实数 a、b，总存在一个正整数 n，使得 $na>b$。p 进域虽然也有一个自然的顺序，但却不具备阿基米德性质。说到底，p 进域是一种"局部"域，在其中可定义整数和代数数，从而推动了数论的发展。

弗兰克尔受亨泽尔影响，另外还吸收了希尔伯特的《几何学基础》和美国公设主义的思想，开始对 p 进数理论进行研究，设法给出实数、自然数、连续统等具体数学实体的最小独立公设系统。

1912 年，弗兰克尔发表了一篇文章。他以 p 进数为研究对象，把 p 进数与美国的公设分析系统相结合，选取一个合理的独立公设系统，给出 p 进数理论的公理化基础。他重点研究具体的数学实体，而不是抽象概念。为描述 p 进域的特征，给出 3 个独立的公设子系统，分别规定了 p 进域的序型、算术性质以及 p 进域作为范畴系统的必要条件。

他给出两个公设集合，详细研究最简有理 p 进域，其中 p 为一个固定的素数。考虑表达式为 $\sum_{n}^{\infty} a_i p^i$（$a_i$=0，1，…，$p$–1）的系统。他还给出 g 进系统，研究了 g 进系统与 p 进系统的区别，认为 g 进数（g 是任意整数）与 p 进数具有同等作用，且是环论研究的起点。他得出 p 进系统和 g 进系统的一些结果，通过另外 3 个更为深入的公理，确定了 p 进系统和 g 进系统的唯一性，而且首次引入"范畴"这一概念。

因此，弗兰克尔不仅得到 p 进域的一些有用结果，而且对 p 进域进行了公理化，亦即用合适的公理来描述 p 进域及其性质。他把零散的概念和术语用统一的公理化模式集合起来，建立起较为严谨的早期 p 进域理论，是从具体到公理化的飞跃，是数学观念的巨大进步。

如前所述，弗兰克尔是直接受洛伊和亨泽尔的影响开展这项研究的，反过来，弗兰克尔的思想也影响了洛伊和亨泽尔。亨泽尔在其 1913 年出版的《数论》一书中重重地打上了弗兰克尔的烙印。《数论》由弗兰克尔执笔，在文章一开篇就引入更一般的 p 进域的定义，明显是弗兰克尔的作为。

洛伊 1915 年出版的《代数教材》虽然影响不大，但却是德国第一批介绍美国实行的方法论、证明论和公设分析成就的教材之一。弗兰克尔在与洛伊合作撰写《代数教材》之前，发表了其第一篇关于 p 进数公理基础的文章。因此，弗兰克尔在《代数教材》中参与讨论了几个新的具体问题，尤其是关注了有零因子的数系问题。最终把洛伊和亨泽尔的思想带入了一个新方向，从而引起对抽象环的定义和早期研究。

就 p 进域而言，后来亨泽尔的另一个学生哈塞进一步发展了 p 进域，与亨泽尔一起确立了关于二次型的著名"局部—整体"原理，发展了赋值论和局部域理论，p 进域亦和其他的具体域一起被抽象化结构化，成为抽象域的子系统，在抽象代数学中占有一席之地。

2．环论

1890 年左右，群、域以及向量空间的抽象公理化定义已经引入，20 世纪的前 10 年，起源于代数数论、代数几何和超复数理论的交换环、非交换环及理想的具体理论也已建立，且获得蓬勃发展，预示着抽象环概念进入数学的条件都已具备。

1914 年，弗兰克尔发表文章介绍他的博士论文结果，首次引入环的公理化定义，系统讨论环的基本性质，其中数系是主要研究对象，公理只是作为对数系加深理解的手段而已。

文章开始部分更接近 20 世纪早期美国的公设风格。先引入定义抽象环的公设系统，并在其上运用标准的公设分析方法，然后研究环本身。实际上，他是把 g 进系统的方法运用到环的研究当中。他的抽象环定义在逻辑上不是最简单的，而是力求清晰有效，这一点和他的 p 进系统的工作不相一致。

在这篇文章中，弗兰克尔首先给出一个具有等价关系的抽象元素集合。称等价关系为对等。若规定集合中元素的运算，则任意两个等价元素对于这一运算是恒等的。现在，因集合中的元素是抽象的，所以这一结论对于环的定义来说变得无足轻重。

如果在一个具有对等关系的集合 R 上，假设可以定义两种抽象关系：加法和乘法，其中加法满足群公理，乘法满足结合律，加法满足分配律，且集合 R 对于加法运算至少包含一个单位元，那么集合 R 可能有零因子。不是零因子的元素称为环的正则元素。

弗兰克尔增加了两个在现代的抽象环定义中没有的公理，即：

R_8. 每一个正则元素对于环的乘法运算来说是可逆的。

R_9. 对于环的任意两个元素 a，b，存在一个正则元素 $\alpha_{a,b}$，满足 $a.b=\alpha_{a,b}b.a$，且存在另一个正则元素 $\beta_{a,b}$，满足 $a.b=b.a\beta_{a,b}$。

公理 R_8 表明，环的所有正则元素构成域。弗兰克尔没有继续研究整数环。公理 R_8 实际上是一种 g 进系统，对于乘法运算，单位元构成群，其中单位元不能由 g 整除，从而不可能是零因子。

文章主要研究零因子的因子分解性质以及依据基本的零因子，对抽象环中的元素进行加法分解。如果已知环的三个元素 a，b，c，满足 c/a^2b，那么可以把 c 表示为 $c=c_1^2/c_2$，这里 c_1/a，c_2/a，那么环是可分的。对于有理整数是成立的，而对任意代数数域的整数并不总是成立。弗兰克尔没有研究理想的因子分解，而是研究特殊的分解性质，后来未被纳入环论当中。已知集合 R 的两个元素 a，c，若 a/c 且 c/a，则称它们是等价的，反之，称它们是不等价的。如果零因子不包含除正则元素之外的真因子，那么把它称为素因子。如果环的全部素因子是等价的，那么称它为单环。有了单环的概念，弗兰克尔证明了环的主要分解定理：

若可分环 R 包含 n 个不同的素因子 P_1, P_2, $\cdots$, P_n，则恰好存在 n 个唯一的单环 R_1, R_2, $\cdots$, R_n 满足下列条件：

Ⅰ. 单环 R_1, R_2, $\cdots$, R_n 只包含 R 中的元素；

Ⅱ. 任意两个单环的交集只包含零元；

Ⅲ. 环中两个元素的乘积恒为零，其中这两个元素在两个不同的环 R_i 当中；

Ⅳ. R 的每一个元素可以唯一表示为 R 的 n 个元素的积，其中每一元素都在其中一个环 R_i 当中。

通过这个定理，可以把任意可分环简化为单环。通过单环的性质，探究这些性质如何转化到不同的扩张当中，得到可分环的全部结构。

1916 年，弗兰克尔写了一篇文章，曾上交过马尔堡大学。1921 年发表文章，进一步发展 1916 年探讨的一些问题。这两篇文章不再有公设分析，而是发展了环论。

弗兰克尔在 1916 年的文章的序言中说，文章的主要目的是证明任意可分环的代数性质可以转化为研究有限或无限多个"较简单的环"，即只包含一个素零因子的环。把斯坦尼兹关于域的问题推广到抽象环论中，特别是如何刻画已知环的全部可能的代数扩张和超越扩张。为避免不必要的麻烦，只考虑"有限次"的有限环和无限环（有限次是指可分环仅包含有限多个不同零因子）。这些环都是为其算术应用和代数应用服务的。他已经知道两个具体应用：可分环的伽罗瓦理论和有限环的确定。

1916 年，弗兰克尔在给出环的概念时，没有给出一个最小的独立公设系统，是由具有一个对等和两种运算的抽象集合 R 开始的。确定了 R 至少包含一个正则元素，而且如果 a 是一个正则元素，b 是 R 的任意正则元素，那么 R 中至少存在一个元素 x，使得 $ax=b$。他在脚注中解释，至少存在一个正则元素这一条件排除了只有一个零元的平凡情形，以及其他的非平凡情形。同样没有给出整数环的定义，事实上都未提到整数。

弗兰克尔更加清晰地说明了不同代数概念之间的关系。环中的元素对于加法运算构成群，正则元素对于乘法运算构成群。如果一个环不含零因子，那么它是一个域。于是，基本上除却依靠除法成立的结果，域的全部结果对环也成立。域中的两个因子的乘积为零当且仅当其中一个因子为零。这个结果在环论中不成立。他在构造环论时，没有述及整数集合，这也是他没详细论述环论与理想论之间的关系的一个原因。

1916 年与 1921 年，弗兰克尔主要从事环的扩张问题的研究。他把斯坦尼兹的域论中的概念转化到环论当中，为环论研究的展开做好准备。他运用斯坦尼兹定义素域的方法，给出素环的概念，对素环进行分类。为了区分各种类型的扩张，需要研究系数在环 R 中的单变量有理函数集合 $R(x)$。研究表明，$R(x)$ 是一个环。他从 R 的性质推出 $R(x)$ 的性质。比如具有代表性的定理：若环 R 是单环，则 $R(x)$ 也是单环，且 $R(x)$ 的唯一素零因子在 $R(x)$ 中等

价于 p，其中 p 是 R 的唯一素零因子。他给出 $R(x)$ 的欧几里得算法，这是研究环的扩张问题的主要工具。但他提出的问题与后来抽象环论的主要问题不相一致。他的抽象环论的价值在于提供了宝贵的环论思想，以及爱米·诺特早期采用了他的抽象定义。

弗兰克尔在1921年发表环论的文章之后，研究兴趣从环论转移到集合论。自此，他的大名便与集合论紧紧联系在一起，在集合论基础方面开辟出自己的一片天地，成为19世纪末20世纪初数学公理化浪潮中举足轻重的人物。

3．公理化集合论

19世纪与20世纪之交，人们发现了一系列集合论悖论，表明当时的集合论具有不协调性，使得人们开始怀疑数学推理的正确性和结论的真理性，引发了第三次数学危机。人们为了克服悖论所带来的困境，开始对集合论进行改造，亦即对康托尔的集合定义加以限制。策梅洛制定了公理化集合论方案，也就是从现有的集合论成果出发，得出足以建立这一数学分支的原则。一方面这些原则要足够狭窄，以能保证排除一切矛盾；另一方面，这些原则又要充分包容，能够使得康托尔集合论中一切有价值的内容保存下来。遵循这个方案，策梅洛在1908年提出第一个公理化集合论，即策梅洛集合论。策梅洛集合论不允许构造序数，而多数"普通数学"不使用序数就不能被开发，序数在多数集合论研究中是根本工具。此外，策梅洛的一个公理涉及"明确性"性质的概念，它的操作性意义是有歧义的。策梅洛指出从任意一个数集，可以选定一个元素确定它的性质，这就是著名的选择公理。策梅洛没有给出选择公理确凿的证明，因此选择公理长期处于争议状态。许多数学家不愿意接受缺乏证明的策梅洛公理，比如阿达玛经过很长时间才不情愿地承认策梅洛集合论，庞加莱等人都坚定地反对策梅洛集合论。

1922 年，弗兰克尔客观地审视策梅洛集合论，尝试把策梅洛集合论建立在更加牢固的数学基础之上。他发现策梅洛集合论对有限集是成立的，但对无限集却有很多疑问。于是，提出用函数概念替代策梅洛用集合中的数来确定性质的思想，不但使得策梅洛集合论更加清晰，而且证明了选择公理的独立性，消除了人们对策梅洛工作的最大争议，也消除了朴素集合论的罗素悖论、布拉利－福尔蒂悖论和康托尔悖论。

在弗兰克尔之后，很多数学家对策梅洛和弗兰克尔的工作进行了推动，促进了整个数学共同体对集合论的进一步认识。1922 年，挪威数学家斯科朗改进 ZF 系统，创造了今天熟知的 ZFS（即 Zermelo、Fraenkel 和 Skolem）系统。在 ZFS 系统中很难证明选择性公理的独立性。ZF 如果另加选择公理（AC），则所得的公理系统简记为 ZFC。1925 年冯·诺伊曼开创了另一套公理系统，经过伯奈斯和哥德尔改进后形成了 NBG 公理系统。

由哥德尔不完全性定理可知，如果 ZF 是无矛盾的，则在 ZF 中不能证明自身的无矛盾性，所以在公理化集合论中只考虑相对无矛盾性问题。已经证明，如果 ZF 是无矛盾的，则 NBG 也是无矛盾的。选择公理（AC）和连续统假设（CH）有重要地位，是集合论中长期研究的课题。AC 成为数学史上继平行公理之后最有争议的公理，CH 是 1878 年康托尔提出来的，简单地说，就是关于直线上有多少点的问题。近40年来在AC和CH研究方面取得不少进展。1938年，哥德尔证明了从ZF推不出AC的否定，从ZFC推不出CH的否定，即AC对于ZF，CH对于ZFC是相对无矛盾的。

1963年，美国数学家科恩运用著名的力迫法，证明了连续统假设与选择公理相对于ZF系统是独立的。现已证明，ZF对于发展集合论已是足够，它能避免已知的集合论悖论，在数学基础研究中提供了一种方便的语言和工具。在ZF中，几乎全部数学概念都能用集合论语言表达，数学定理大都可在ZFC内得到形式的证明。ZFC作为整个数学的基础，是完备的，数学的无矛盾性可以归结为ZFC的无矛盾性。

另外，弗兰克尔用近代逻辑和推理的方法描述自然数，虽然他的研究是出于对数轴连续性的考虑，但是弗兰克尔对相反的观点也感兴趣。其间，弗兰克尔和爱因斯坦商讨过这些问题。冯·诺伊曼曾在他的论文中预感到，谈到任何一种形式的公理系统都具有局限性，使人不觉联想到后来由哥德尔证明的不完全性定理。弗兰克尔对冯·诺伊曼的文章曾这样评价，他不能坚持说已把论文着实看清楚，但是确信这是一件突出的工作，透过文章即知冯·诺伊曼是一位科学巨人。

因为人们主要采用技术性的方法研究数学基础，所以数学家和逻辑学家逐渐取代哲学家成为数学基础研究的中坚力量。人们对于基础研究会采取与一般哲学研究不甚相同的评价标准。比如，人们主要根据研究规划是否获得成功，而不是根据基本立场的正误来对基础研究工作进行评价。对此弗兰克尔和巴-希勒尔共同指出，弗雷格和罗素的理论的唯一真正的严重缺陷在于无穷公理的令人怀疑的状态。

弗兰克尔的文字清晰准确，使其著作不晦涩生硬，成为世界上很多地方长期采用的教科书。英国科学哲学杂志在评论弗兰克尔的著作《集合论基础》时，更是不吝美词：本书精确地研究了集合论的基础，用简洁易懂的语言解释专业问题，对与之相关的数学和哲学的历史背景给出了详尽而客观的评述……对任何数学家和哲学家而言都是一部不可或缺的优秀著作。

三、传说论道，影响甚广

弗兰克尔长期在希伯来大学从事教学和科研工作，是在希伯来大学爱因斯坦数学研究所工作最早的教授之一，为当时初建后来成名的希伯来大学培养了众多的人才。

希伯来大学是以色列第一所大学，也是犹太民族在其祖先发源地获得文化复兴的象征，始创于1918年，落成于1925年。现已发展成为一所充满活力，集教学和科研于一体的综合性大学，至今共有5位毕业生荣获诺贝尔奖，1位毕业生荣获菲尔兹奖。其实早在19世纪末期，在第一批犹太新居在以色列创建时，来自德国海德堡大学的数学家赫曼·斯卡支拉就撰写了一系列文章建议犹太民族创办希伯来大学。1902年，开始有创办大学的具体规划，得到犹太复国运动领导人的大力支持。1918年，由魏茨曼主持举行奠基典礼，7年后希伯来大学正式成立。学校第一届董事会名人荟萃，皆是著名犹太人士，包括爱因斯坦、以色列神学家和哲学家巴博、奥地利物理学家和神经病学家及心理分析的创始人弗洛伊德等。他们明确提出希伯来大学的三个奋斗目标：一是要建成具有国际声誉的高等学府；二是要为犹太人国家的创建与发展发挥重要作用；三是要建成一所犹太人的大学。

弗兰克尔身处希伯来大学，遵从希伯来大学的奋斗目标。在工作的后期，他一方面整理出版集合论的书籍，另一方面研究科技史。而在科技史方面，他亦是结合自己所研究的领域以及犹太人的身份，主要研究近代逻辑学的演变过程以及梳理犹太数学家和科学家的创造性贡献。他撰写了多本科学史专著。比如，1922年综述了高斯的工作。弗兰克尔身为犹太人，为犹太数学家树碑立传。1930年，他撰写了康托尔的传记，其中康托尔有一半犹太血统。1960年，弗兰克尔又完成更恢宏的著作《犹太人的数学和天文学》，其独到之处在于系统地总结了犹太人在数学和天文学方面的贡献，而且能够设身处地进行评价和分析，虽对犹太人的贡献稍微有些主观倾向性，但总体来讲，相较于非犹太人对犹太人贡献的描述，更加合乎历史的真实。

弗兰克尔是希伯来大学数学系的第一届数学系主任，还曾担任过希伯来大学的校长。在他从希伯来大学退休后，其学生罗滨逊继承了他的职位。罗滨逊是非标准分析的奠基人，运用数理逻辑的方法，使得无穷小量获得新生，1960年提出了非标准分析这一数学分支，且著有《非标准分析》一书。弗兰克尔本人继续在特拉维夫附近的巴伊兰大学从事教学工作。

1956年，弗兰克尔获得以色列奖的精确科学奖。以色列奖是以色列授予的一项奖励，在很大程度上被视为国家的最高荣誉。这个奖项每年在以色列独立日这一天颁发，届时在耶路撒冷举行仪式，包括总统、首相、议会会长和最高法院院长都会到场见证。该奖项是 1953 年由时任教育部部长迪努尔建议设立的，他本人曾在 1958 年和 1973 年两获奖励。

弗兰克尔是犹太复国运动的热烈拥护者。他是犹太民族委员会成员和英国统治下的犹太人大会的代表。他也属于犹太复国主义的米兹腊希宗教组织，这个组织 1902 年成立，1956 年与米兹腊希工人党合并成全国宗教党以促进犹太的宗教教育。

弗兰克尔的书籍传播非常广泛。粗略统计，他的《抽象集合论》从 1953 年至 1976 年出版 39 个版本，为全世界 800 多个图书馆所收藏。他的《集合论基础》从 1959 年至 1968 年出版共 20 个英文和德文版本，为全世界近 600 家图书馆所收藏。《整数和数论》从 1955 年至 2004 年出版 10 个版本，为全世界 500 多家图书馆所收藏。他的《设置理论导论》从 1919 年至 1998 年用三种语言出版 27 版，为全世界 300 多家图书馆所收藏。《数学基础文集——纪念弗兰克尔七十寿辰》从 1962 年到 1966 年用英语出版 5 个版本，为全世界 200 多家图书馆所收藏。

总之，弗兰克尔贯彻公理化思想，是集合论的集大成者，其著作的广泛传播也恰恰印证了这一点，其成就的取得与他所处的时代和他自身的选择都是分不开的。

我们说近现代数学的一个显著特征就是结构化，结构数学是数学发展的主流，而通向结构数学的道路当中有关键的一步，便是公理化。当时，公理化并不是横空出世的新名词，而是有着两千年的历史渊源，但是却在当时走到历史镜头的焦点，掀起一波公理化思想的浪潮。弗兰克尔在叔父的点拨和引导下，接触公理化思想，并且把公理化思想付诸实践，给出 p 进域的公理系统，首次给出抽象环的公理化定义并被后来的爱米·诺特沿用，试图把斯坦尼兹关于域的抽象研究方法推广到抽象环论中。公理化思想离不开实践，同样实践的积累也会铸就新的理论，弗兰克尔对公理化思想的早期实践必定加深了其对公理化的认知，从而为他公理化思想的践行提供更广阔的视野和洞察、分析能力。他以实例研究实践了公理化思想，用公理化思想把新兴的数学推上了更高的理论层次，为其进一步发展做好奠基。弗兰克尔无论从数学观念和技术细节都对此后 p 进域和环论的发展起到了积极的推动作用。

在这种公理化实践的基础上，就不难想象弗兰克尔为什么能够在公理化集合论方面做出突出成就。公理化、抽象化是他从事数学研究的关键词，是他一直贯彻的中心思想。因此，这种抽象的公理化观念长期存在于他的脑海当中，慢慢发酵与提升，也是他在集合论的公理化研究能够集就大成的一个重要因素。他完全具备对策梅洛公理化集合论的理解能力、分析能力和创新能力。他能够鉴别和判断，因此才能分析出策梅洛公理化集合论的不足并予以弥补，建立起策梅洛－弗兰克尔公理系统。

科学和人文是人类生存和发展的双翼，是科学家和谐创新的重要因素。像克莱因、外尔、范德瓦尔登等大数学家一样，弗兰克尔不但在数学领域造诣颇深，而且撰写了多本科技史著作，在数学的人文领域谱写出亮丽的华章。他所撰写的书籍文字风格简洁优美，成为全世界很多地方的教科书。特别是，身为犹太人，他有意识地研究犹太数学家和科学家的创造性贡献。他长期在犹太人的大学希伯来大学任教，也参加犹太人的一些进步组织。可以说，他不但在科研上有着浓厚的犹太血统情怀，而且在日常生活中也体现出传承犹太精神的担当和责任。知识的价值就在于传播，弗兰克尔所做的工作无疑对犹太数学和科学的传播和发展有着积极的意义，另外也有助于其他人了解和理解犹太人的数学和科学发展情况。

综上所述，弗兰克尔自小在良好的家庭教育环境中熏陶和成长，在洛伊、亨泽尔、希尔伯特、斯坦尼兹和策梅洛这些学术大家的指引和帮助下走上数学创新的康庄大道。他身处战争年代，不畏时局的动荡坚持研究和教学，不但在 p 进域、抽象环论、公理化集合论和科技史等很多领域做出重要贡献，而且先后在马尔堡大学、基尔大学和希伯来大学任教，为数学和科学培养了众多人才。他当之无愧是 19 世纪末 20 世纪初公理化浪潮中的一员，是早期 p 进域理论和抽象环论的实践者，是公理化集合论的创始人之一。策梅洛－弗兰克尔集合论是现代数学集合论事实上的标准公理，由于其在逻辑学上的成功运用，弗兰克尔也是近代逻辑学的创始人之一。他身为犹太数学家，深受犹太教义影响，撰写了犹太数学家的传记和犹太的数学和科学文明史，他又是传播和发展犹太数学和科学文化的布道者。他思维缜密，逻辑严谨，文字风格优美清新，所著教科书被世界各地广泛采用，他可以说是 20 世纪颇具影响的数学家和科技史家。

反观弗兰克尔的一生，左手是科学，右手是宗教，科学研究和犹太民族的社会活动是其工作和生活的两条重要主线，伴随其一生。这二者是怎样在其身上和谐统一的？另外，弗兰克尔对数学的实践围绕公理化思想展开，早期对于 p 进域和环论的实例研究对其公理化集合论研究的具体影响在哪里？这些问题值得深入思考，有待进一步研究。

（作者：王淑红　邓明立）

布饶尔

有限群领域的辛勤耕耘者

布饶尔
(Richard Dagobert Brauer, 1901—1977)

评判一个数学家水平高低往往有几个标准,其中包括解决重要的悬而未决的问题的能力,引入用于澄清现存问题的概念的能力以及发展合乎逻辑的理论的能力。布饶尔在其工作中表现出他是这三种能力的集大成者。

他以其深邃的眼光与敏锐的洞察力,在许多数学领域创造出一个又一个奇迹,可谓成绩斐然,硕果累累,单是某一方面的贡献就足以使他跻身于世界著名数学家之列。可以说,布饶尔也是幸运的。这一方面是因为他在有生之年就得到了认可,各种荣誉与奖励纷至沓来;另一方面也因为他的兴趣与能力一直持续到生命的最后一刻,他发表的127篇论文中约有一半是50岁之后完成的,特别是在1964年至1977年,即他生命的最后十几年,他仍然发表了44篇论文。这活生生地印证了数学并不一定只属于年轻人!

一、柏林的求学之路

1901年2月10日,布饶尔出生于德国柏林夏洛藤堡的一个犹太富商家庭,父亲从事皮革批发贸易,在业界颇具影响。在这样一个富足儒雅的家庭环境中,童年时期的布饶尔和哥哥阿尔弗雷德以及姐姐爱丽丝过着无忧无虑、幸福快乐的生活。

受哥哥的影响,布饶尔从小就对科学和数学感兴趣。1907年,他到夏洛滕堡读书，1918年9月从那里高中毕业，之后马上应征到柏林服兵役。幸运的是，两个月后，第一次世界大战结束，因此他的学业没有受到很大影响。与布饶尔比较起来，阿尔弗雷德运气就要差得多，他战时服役4年并受了重伤。

1919年2月，布饶尔怀着童年的梦想——成为一名发明家，考入柏林夏洛滕堡工业大学（现在的柏林工业大学）学习工科，但不久之后，他意识到自己对理论方面更感兴趣，于是一个学期后转入柏林大学。根据德国当时的传统，大学生在四年学习期间往往要到多所大学上课，以便获取知识，开阔眼界。这样，1920年夏季学期他便到弗莱堡大学学习，选修了波尔扎的不变式论。同年秋天，他返回柏林大学，直到1926年以最优等的成绩获得博士学位。

20世纪20年代的柏林大学聚集着许多卓越的数学家和物理学家，包括比伯巴赫、卡拉特奥多里、爱因斯坦、劳厄、米泽斯、普朗克、施密特以及舒尔等，这就使得布饶尔经常有机会听一些著名人物的讲课或者是参加他们的讨论班。他在第一学期选修了施密特的课。显然施密特备课并不总是非常充分，常常被卡在讲台上临时进行证明，但这并没有影响教学质量，布饶尔从中欣赏着一位数学家创造与思考的奇妙过程，心头不禁漾起智慧的涟漪。

然而，柏林大学中对布饶尔影响最大的人却是舒尔。舒尔是弗罗贝尼乌斯的学生，而后者又是受了戴德金的鼓励，在19世纪末20世纪初，开始介入创立和发展群论中最系统、最本质的部分——有限群的表示理论，即用具体的线性群（矩阵群）来描述群的理论，其核心是群特征标。弗罗贝尼乌斯的努力卓有成效，从1896年到 1907 年，他在这一领域发表了 20 多篇论文，基本完成了初创工作。无独有偶，大约同时，英国数学家伯恩塞德也独立发展了表示论和特征标方法，其《有限阶群论》第二版（1911）（第一版发表于 1897 年）是群论的经典著作之一，他在其中表达了对弗罗贝尼乌斯的赞许之情：

> 有限阶群作为线性变换的表示论主要由弗罗贝尼乌斯教授创立，而同源的群特征标理论则完全由他创立。

接着，他在列出弗罗贝尼乌斯的一系列文章后说：

> 在这一系列的文章中，弗罗贝尼乌斯的方法很大程度上是间接的……这里，作者独立地直接用相对比较简单的方法得到了弗罗贝尼乌斯以前论文中的主要结果。

可以说弗罗贝尼乌斯和伯恩塞德是群的矩阵表示理论的主要创立者，他们彻底变革了有限群理论。

1894 年，舒尔到柏林大学，他从老师弗罗贝尼乌斯那里学会了有关表示论的基础知识。1901 年，舒尔博士毕业，毕业论文考察了复数域上一般线性群的有理表示，并因此马上取得了与著名的表示论前辈平起平坐的地位。1919 年，舒尔开始任柏林大学正教授，除讲课外还组织代数与数论讨论班。与施密特不同，舒尔每次上课都会精心准备，其讲义以精巧的结构和优美的表达方式而著称。另外,他讲课速度非常快,如果不聚精会神地听讲,一会儿便会如坠雾里,学生们不得不回家整理笔记。他每周辅导学生几个小时,几乎每次都提出一个非常难的问题,这些问题中有一些是弗罗贝尼乌斯曾经提到过的,有些是他本人给出的,有些甚至是连他自己都解决不了的。

布饶尔对舒尔的讨论班如痴如醉,其间,他报告了舒尔论文《积分法对不变式论的新应用》(1924)的第一部分,该部分说明了如何用胡尔维茨的群积分法研究连续线性群的线性表示。在第二部分,舒尔用这种方法确定正交群或旋转群的所有不可约(连续有限维)表示。他提示布饶尔也许可以用一种更为代数的方法这样做,这就成为布饶尔博士论文的来源,即从代数角度对正交群的表示进行研究。另外,布饶尔发表的第一篇论文也和舒尔有关,它是舒尔在1921年冬季学期的数论讨论班上提出的。当时布饶尔的哥哥阿尔弗雷德也参加了这个讨论班,兄弟俩一周之内成功地给出了解法,在同一周,霍普夫给出了一种完全不同的解法。1926年,布饶尔兄弟和霍普夫把彼此的证明结合在一起并进行了推广,将其发表在论文《论某些特殊多项式类的不可约性》中。

另外,舒尔也以一种意想不到的方式对布饶尔的一生产生了影响。1920年11月,布饶尔在舒尔的数论课上遇到了他的另一半伊莎。她是柏林一位物理学家的女儿,研究实验物理,1924年获博士学位。然而,她在研究过程中发现自己对数学更感兴趣,于是开始选修数学课,希望将来能成为一名教师。后来她如愿以偿,取得了多伦多大学、密歇根大学和布兰迪斯大学的数学讲师资格,并成为波士顿大学的副教授。1925 年 9 月 17 日二人喜结连理，生活美满幸福，他们的两个儿子都成了活跃的数学家。

二、在哥尼斯堡初显身手

1925 年秋，布饶尔开始在哥尼斯堡大学工作，当时这里的数学系只设了两个教授席位，由塞格和瑞德迈斯特担任。布饶尔最初是该系相当于副教授的克诺普的助教，1927 年晋升为无薪讲师，由此取得授课资格。他在此先后教授了许多课程，竭尽所能把全部数学都囊括进去。1933 年之前，他一直在那里工作。

在哥尼斯堡的那段时间，布饶尔对单代数的代数理论做出了重要贡献。他引入所谓的域 F 的布饶尔群 $B(F)$，我们现在知道它是一个重要不变量。单代数理论的主要问题正是描述出以 F 为中心的所有可除代数，更粗略地说，正是描述出 $B(F)$。早在 1878 年，弗罗贝尼乌斯已经证明，若 R 是实数域，则 $B(R)$ 的阶为 2，即哈密顿四元数系是 R 上唯一的中心可除代数。1905 年，美国数学家韦德伯恩证明若 F 是有限域，则 $B(F)=1$。到 20 年代，人们的注意力开始转向更深入的问题，即刻画代数数域上的中心单代数。迪克森引入循环中心单代数这个概念之后，在 1923 年发表的著作《代数及其算术》中猜想：代数数域上的每个中心单代数都是循环的。这就是后来所说的代数主定理。他的著作引起极大关注，1927 年被翻译成了德文。

1931 年，布饶尔、爱米·诺特和哈塞合作发表论文《代数理论主定理的证明》，一举解决了迪克森猜想，完成代数主定理的证明，这是自一战前韦德伯恩和舒尔开始从事代数理论工作以来所取得的最高成就,外尔称它为代数发展史上的转折点,仅这一篇论文就足以奠定布饶尔在欧洲数学界的地位。

布饶尔非常喜欢当时在哥尼斯堡的生活,那里的数学系虽小,但并没有影响他施展才华,他同许多德国代数学家都有联系。许多年之后,他写道:

> 当时德国各所大学的智力环境被每个知道它的人所深切缅怀。

在正常情况下,布饶尔原本有希望成为德国一所重点大学的教授,但世事难料。1933年年初,希特勒成为德国元首,3月底确立了自己的独裁统治。新的纳粹政府几乎马上就执行了臭名昭著的反犹太政策,他们制定了一系列的法律把犹太人从诸如政府职员、律师或教师这样的"智力职业"中驱除出去。犹太血统以及反对纳粹的教授、讲师纷纷被解聘,没过几年,大学的学生减少了一半,教师减少了四分之一,大学逐渐被一些冲锋队员所把持。卢斯特这个冲锋队大队长当上了教育部部长,他确实实现了自己的豪言壮语:"使学校不再成为一个玩弄学术的机构。"后来,尽管解除了一些禁令,使得一战前任职的人和参加一战的人能够重新回到自己的工作岗位,但布饶尔不在这两种范围之列,他无法找到展现自我的舞台,诺特也是如此。

具有讽刺意味的是,与布饶尔和诺特一起证明代数主定理的哈塞却成为纳粹主义的热情支持者。1934年，他成为哥廷根大学教授兼数学所所长，诺特对他抱有很大希望，希望他能继续保持德国数学的光荣传统。当时哈塞确实同犹太籍数学家还有联系，反对把"元首原则"引进德国数学界，但这使法西斯当局和纳粹学生尤为不满。于是，好景不长，哈塞改变立场，1937年加入纳粹，1940年去柏林海军研究所从事军事研究工作，一直到1945年才回到哥廷根。虽然其中存在法西斯威逼利诱的客观原因，但实际上还是他本人的思想起着主导作用。他是一个狂热的民族主义者，第一次世界大战后，屈辱的《凡尔赛和约》让他心灵深受创伤。他不愿看到德国被践踏于其他国家的铁蹄之下，衷心地赞同希特勒为纠正这种不公平待遇所做的种种努力，最终成为法西斯的走卒。

下面的故事解释了布饶尔1936年的两篇论文《超复数系的代数》和《对称函数有限阶线性群的不变式》没有发表的原因。开始时这两篇论文是哈塞请布饶尔为德国数学百科全书写的。他们签订了一份合同，布饶尔如期完成了任务，但不久之后，他收到出版社的一封来信，信上说这两篇论文不能在德国发表，为此只能付给他合同上规定的一半的稿费，信中还附有一份法定文件，上面引用德国犹太法案来证明他们这样处理合情合理。布饶尔要求哈塞做出解释，但哈塞说他不能对此做任何事情。事情就这样结束了。幸运的是，布饶尔好像没有丢掉任何一篇论文，在他死后，上面引用的通信和论文都找到了。

三、访学肯塔基与普林斯顿

德国对犹太知识分子所采取的强硬迫害政策令国外大为震惊和困惑。各地，特别是美国和英国纷纷组建委员会筹备资金，想为这些来自纳粹政权下的难民提供容身之所。由于"援助德国学者紧急委员会"（在纽约设有指挥部）的作用，在肯塔基的列克星敦犹太委员会的帮助下，布饶尔有幸到肯塔基大学访问一年。尽管他以前可以看懂英语，但从没开口讲过。于是他从一本德英字典入手，用许多时间重新学习英语。即使这样，当 1933 年 11 月到达列克星敦时，他能讲的英语还是微乎其微，据当地报纸报道，当时他还要靠一个翻译来交流。布饶尔对美国当时的环境非常满意，三个月后，他的妻子伊莎和他们的两个儿子也到达那里与他团聚。布饶尔的哥哥阿尔弗雷德由于一战时服兵役在 1933 年没有被解雇，不过他最终在 1939 年来到美国。他的姐姐爱丽丝留在了德国，二战期间死于纳粹的集中营。

1933 年 9 月普林斯顿高等研究院开始全面运行。外尔是那里的首批终身教授之一，他像磁石一样吸引大批数学家来到普林斯顿，用渊博的知识和深邃的思想给年轻人指引前进的方向。布饶尔并不认识外尔，但是一直希望能有机会与他相见。事实上，他们都参加了 1928 年在意大利博洛尼亚举办的国际数学家大会，但由于布饶尔当时太过害羞，以至根本就没有做自我介绍，甚至也没有请塞格把自己介绍给外尔。因此当 1934 年至 1935 年他应邀到普林斯顿研究院给外尔当助手时，实质上也算完成了他长久以来的一个心愿，他写道：

> 我认为我在普林斯顿研究院的那些年是我接受的最后一部分数学教育。

布饶尔在与外尔接触的过程中受益匪浅。那一年，他发表了关于典型李群的贝蒂数的论文。当时庞特里亚金刚刚用拓扑的方法确定出这些数，作为对外尔其中一个问题的答复，布饶尔在不变量的基础上仅用几周时间就给出了一种纯代数处理方法。外尔在自己1939年的著作《典型群》的前言中提到了布饶尔，其中明显表现出对这位年轻同事的肯定与赞赏。多年之后，他写道：

> 与布饶尔工作的那段时间是我一生中最快乐的科学合作经历。

在普林斯顿的那一年，布饶尔有很多机会涉足新的数学领域。普林斯顿高等研究院那时已经是一个灿烂的数学中心，除了终身教授亚历山大、爱因斯坦、冯·诺伊曼、维布伦和外尔，还有4位助教和46位访问学者，其中包括艾伯特、迈格努斯、西格尔和扎里斯基等，他们后来都成为布饶尔夫妇的终生密友。布饶尔与西格尔的关系尤为密切，在西格尔的影响下，他在1947年的"代数数域的 ζ-函数"中得到许多结果。另外，普林斯顿大学虽然与普林斯顿高等研究院没有互属关系，但却有着很深的渊源，当时研究院借用的是普林斯顿大学数学系的办公室,许多教授往往在这两个地方同时任职,而且普林斯顿大学数学系也有自己的一些数学家,包括博赫纳、莱夫谢茨和韦德伯恩等。布饶尔也能常常碰到诺特,她当时在宾夕法尼亚州的布林茅尔学院任职,但每周在普林斯顿组织一次讨论班。与布饶尔非常友好的另一位数学家是 B. 拜尔,他和布饶尔在同一地区长大,同入一所学校,但在 1931 年才首次见面,当他们都来美国后,两家交往甚密。

四、多伦多的累累硕果

继这两个临时性的职务之后,1935 年秋,34 岁的布饶尔经诺特推荐,就任加拿大多伦多大学副教授。说实话,这对布饶尔来说未免有些屈才,我们今天很难想象一个拥有如此重大数学成就的人仅仅被授予区区副教授之职。1948 年他作为全职教授离开了那里,然而值得庆幸的是,在多伦多的那 13 年是他的丰产时期,他在那儿的研究得到了许多重大成果,其中的任何一个都足以使他居于一流数学家的行列。

他把弗罗贝尼乌斯的工作,特别是弗罗贝尼乌斯 1896 年发展的群特征标的工作放入一个新的框架之下,由弗罗贝尼乌斯的常特征标理论(域的特征不整除群的阶)发展到模特征标理论(域的特征整除群的阶),建立起系统深入的有限群模表示论。有限群模表示论是将有限群用有限域上的线性群来表示的一种理论,是研究有限群的工具,至今仍是有限群理论的主流方向之一。事实上,布饶尔并不是第一个考虑模表示论的人,迪克森在 1907 年已经对此加以考虑，首先明确指出域的特征整除群的阶时，表示论与常表示论有着本质区别。受舒尔启发，1935 年布饶尔发表了在这一领域的第一篇论文《论群在伽罗瓦域的表示》，这是布饶尔对此持有终身兴趣的先驱性工作，它可能更应该称为局部域及其剩余类域上的表示理论。塞尔指出，严格地讲，这篇论文是一本书，也是布饶尔写的并发表出来的唯一著作。

不久之后，布饶尔意识到在得到更深入的群的模表示性质之前，有必要研究一下群代数的环论性质。于是，1937 年他与自己的第一个博士生内斯比特合作发表论文《有限阶群的模表示》和《代数的正则表示》。这两篇论文包含了那时能应用到群论中去的所有代数结果，研究了现在所谓的射影模和内射模的问题，对模特征标、分解数、嘉当不变量和块进行了完全处理。内斯比特曾对他们合作的前一篇论文给出了有意思的说明：

> 奇怪的是，作为论文的指导教师，他没有建议提前学习一些什么预备知识或研究文献。相反，我们花了许多时间去考察他正在思考的表示论思想的例子。最终我捕捉到了几种思想，他对它们进行了精妙的润色与处理，后来经中山正抽象和推广。

虽然在接下来的几年里，布饶尔发表了几篇关于环论的文章，但与他兴趣更接近的是 1941 年与内斯比特合作发表的《群的模特征标》。这篇论文概括了一些必要的环论，包含了模表示论中许多基本结果的证明，建立了模特征标的理论体系，特别是证明了两个正交关系。对任何希望研究模表示的人来说，它都是一篇难得的参考文献。

布饶尔在发展模表示论的时候，也试图把这一理论应用到关于有限群的结构问题中。他描述了亏量为 1 的块中的常特征标和模特征标，定义了与这样的块相关联的树，现在以布饶尔树著称。尽管这些结果太过专业，但它们与有限群特征标之前的任何知识都大不相同，一旦能够得以应用，便为计算特征标提供最为有效的方法之一。特别地，若一个西罗子群的阶为素数，这些方法尤为有用。那么既然对每个单群而言，它基本上总是至少存在一个素数阶西罗子群，其广泛的应用价值便不言而喻。当布饶尔发现这些结果时，他试图在已知的特征标表上验证它们。像他后来所说的那样，他的结果在一种情况下不成立，为此在好长一段时间里他都非常难过，直到最终证明错误出现在那个特征标表上而不是出现在他的结果中。

1946 年，布饶尔给出模表示论中其他一些结果，介绍了亏损群的概念并证明块理论的第一、第二主定理。不用说这些定理的证明，单是定理的陈述就足以显示出他非凡的洞察力，因为这完全是一次全新的尝试，不存在任何先前结果以供模仿，我们很难想象现代的代数学家会具备他那样的创造能力和专业素质。但是，直到 10 年之后布饶尔才把它们发表出来，这一方面是因为他正在忙于其他问题的研究，另一方面是因为他以为没有人对他的模表示工作感兴趣。然而，情况并非真的如此。例如，盖尔范德对他的一些工作感兴趣，和同事证明了关于李代数的表示的结果，这些结果与布饶尔在模表示中得到的部分结果类似。当然，布饶尔不可能知道盖尔范德的兴趣。另外也有些日本数学家对模表示论感兴趣。例如，大岛对这一理论中的许多基本结果都给出了其他证明，他在 1955 年首次公开发表了关于块的第一主定理的证明，要比布饶尔的证明早发表大约一年。稍后，永尾凡在献给布饶尔 60 岁生日的一篇论文中，巧妙地证明了块的第二主定理。

1960 年之后，布饶尔写了 50 多篇论文，其中大多数属于模表示论及其应用。对于具有亏量 1 的块的特征标理论，他又研究小亏损群情形，由此得出单群结构的许多结果。1967 年，他发表块的第三主定理的证明。

布饶尔关于模表示的工作表现出其杰出的独创性，他发展了这一理论、发现并证明三个主要定理，找到了它们在群论中意想不到的应用。在数学中，我们很少说如果一个人没有做某项工作，至少两三代人都没有能力做这项工作，但布饶尔在模表示论方面的工作却是如此。

当时，除了研究模表示论，布饶尔还从事其他领域的研究，这至少部分上是由于他与阿廷的接触。1928 年他们在德国汉堡曾仓促地见过一面，此后，直到 20 世纪 30 年代末在芝加哥的一次数学会议上才再次重逢。1941 年布饶尔获得古根海姆研究基金，他抽出一部分时间拜访印第安纳大学的阿廷，这次是他们首次真正数学意义上的接触，唤起了他对阿廷猜想的兴趣：阿廷 $L-$ 级数是整函数。那时人们甚至不知道它们是亚纯的，然而，阿廷告诉布饶尔如果可以证明关于有限群的特征标的某一结果，就可以得到上面的结论。

布饶尔不久之前曾证明嘉当矩阵的行列式是 p 的幂。在接下来的几年里，他意识到可以用类似的方法证明群特征标所要求的结果，因此可以证明阿廷 L-级数是亚纯的。在 1947 年的一篇相关论文中，他证明如果 K 是数域 F 的一个伽罗瓦扩张，那么 ζ_K/ζ_F 是整函数。接着，他给出这个结果的一个应用，并证明现在所谓的布饶尔－西格尔定理，给出了代数数域类数的渐近估计。1949 年，他因阿廷 L-级数方面的工作被美国数学会授予科尔奖。事实证明，他这部分工作在把类域论推广到非阿贝尔域过程中起着决定性作用，而这一推广正是现代数论中最困难同时也是最重要的问题之一。1946 年普林斯顿会议上，在布饶尔解释了自己的结果之后，阿廷指出：

> 尽管没有任何人相信我，但我仍坚信我们已经知道了关于非阿贝尔类域论的所有结果都能从已知内容中得出。

实际上，尽管事情看起来好像比较乐观，但按照这种路线取得的进展并不太大，今天有关非阿贝尔类域论的大部分结果都通过自守函数来实现。

布饶尔是一名非常成功的老师，对多伦多数学教学上的贡献很大，总是有很多人听他讲课或者是参加他的讨论班，他的博士生除内斯比特之外，还包括布鲁克、詹宁斯、门德尔松、斯坦顿、斯坦因伯格和中国的段学复。他和多伦多的同事专心于加拿大数学会议以及加拿大数学杂志的安排工作。在加拿大的那些年，他与美国也有许多接触：1941 年他任美国威斯康星大学客座教授，1942 年任美国普林斯顿高等研究院访问学者。

五、密歇根与哈佛：再创辉煌

到1948年，布饶尔已经是数学界的领袖人物之一，因此当他在那一年应邀担任美国密歇根大学安娜堡分校教授时，人们并不感到吃惊。到了那里，布饶尔着手增设研究生的代数与数论课程，终日忙碌。当时虽然没有国家科学基金的支持，但世界各地许多最为优秀的研究人员都准备参加美国的暑期班。密歇根本来一直就是一个众望所归的场所，现在因布饶尔的魅力而更负盛名，那里成为最为活跃的代数学中心与培育青年数学家的圣殿。布饶尔虽然在密歇根只工作了4年，却在这短暂的时间里培养了几位博士生，他们包括福勒、詹纳和刘易斯。此外，还有一些人的学位论文是在他离开之后才完成的，但他们也可以算作他的学生，这些人包括沃尔特、W. P. 布朗、汉斯以及费特。

按照布尔巴基学派的传统，费特大学毕业后到密歇根担任萨尔的助手，有幸与布饶尔相识。多年之后，费特写道：

> 我第一次见到布饶尔时他50岁我20岁。那时我认为他是一个老人。然而，一个研究生可以很轻松地与他谈论数学，因为他总是对数学有着极大的热情，并且横跨几个领域。在50年代，他了解有限群论中发展出来的所有知识，也知道类域论和李群理论代数方面的许多进展。他可能也是第一个理解谢瓦莱在日本《东北数学杂志》上发表

的《关于某些单群》的人。他的阅读兴趣相当广泛，记忆力惊人，我想知道他 20 岁时的记忆力是什么样子的。

布饶尔常常对自己的许多最为重要的结果给出其他更好证明。他能以自己的风格用一种比较容易理解的方式把复杂的计算性证明表示出来。在写完一篇论文后，他往往将其放在一边，直到半年或一年之后再看它，然后或者比较满意或者重写。每个数学家都知道，一个非常显然的事实在一年之后也会变得不太显然，因此他的方法是检验可读性的很好的方法。

布饶尔一家在安娜堡生活得非常幸福，希望能够一直留在那里。然而，1951 年布饶尔接到哈佛大学的聘书，1952 年前往任职，直到 1970 年退休。他对哈佛以及附近的麻省理工学院的数学氛围相当满意，结交了许多新朋友，不论在数学上还是在社交上都得心应手，经常有人去家中拜访。另外，他在哈佛也培养了许多博士生，包括布卢姆、冯、哈里斯、艾萨克、伦纳德、林赛、帕斯曼、雷诺兹、所罗门、威尔斯、沃德和王等，当然，这还远未完全列举。

我们知道，素数好像正整数乘法的原子或积木块，与之类似，有限单群宛如有限群的原子或积木块。这样对有限群的研究便分为两大部分：一是确定所有有限单群；二是探索每个有限群如何由这些单群结合而成。前一部分乃是数学中绝无仅有的一项大工程——有限单群分类。有限单群分类定理亦称庞大定理，它是说每个单群都属于如下类型的群：（1）素数阶循环群；（2）5次及5次以上的交错群；（3）李型群；（4）26个散单群。自20世纪50年代中期到2004年这近50年的时间里，有限单群的分类从最初取得突破到最终完成，其间发表的相关论文约几百篇，共10000到15000页，这是有史以来从未有过的情形。证明一个定理，动员上百位数学家投入战斗，真的是难以置信！布饶尔对这一宏伟工程做出了杰出的贡献。40年代末，布饶尔注意到用对合（群中阶为2的元素）的一些非常简单的性质能够得到关于偶数阶群的结构的一些很强的结果。他和福勒一起研究偶数阶 CA 群，即满足其中每个非单位元的中心化子都是阿贝尔群的偶数阶群。大约同一时间，沃尔在希格曼的建议下在曼彻斯特开始了类似的研究工作，铃木通夫在日本根据分拆来刻画 $PLS(2, q)$，其中 q 为奇数。铃木通夫的工作引起了拜尔的注意，1951年他邀请铃木通夫到他当时所在的伊利诺大学与他合作。在接下来的那个夏天，铃木通夫参加了布饶尔在密歇根的夏季讨论班，当时也有一些研究生参加，如费特和沃尔特。到1953年，布饶尔、铃木通夫和沃尔每人都由局部数据得到 $PLS(2, q)$ 的刻画定理。其中的一种形式于1958年在他们三人合作的论文《有限域上一维幺模群的刻画》中以布饶尔 - 铃木通夫 - 沃尔定理发表，标志着有限群新进展的开端。

出人意料的是，伯恩塞德早在1899年就发现并发表了这个定理的简单情形，利用对合的基本性质证明了该定理所需要的思想，且使用的方法与布饶尔的非常类似。然而伯恩塞德没有认识到这一方法的重要性，他文章的题目不是非常醒目，所发表的杂志也不太知名，除此之外，他本人以及其他人的著作与论文中也没有提到这篇论文。由此，伯恩塞德的论文并没有马上发出它应有的光彩，直到1970年左右费特准备群论历史的报告时才发现它。当布饶尔从费特口中得知这篇论文时，其惊讶程度是可想而知的。

1955年，布饶尔和福勒发表了重要论文《偶数阶群》，这篇论文非常简单，任何知道群的定义的人都能理解其中的主要结果，然而事实证明，它们对偶数阶群论的大部分发展都非常重要。其中一个结果是说，若 H 是一个中心包含一个对合的有限群，则只有有限多个有限单群，满足其中一个对合的中心化子与 H 同构。在随后的几十年中，布饶尔、扬科以及他们的学生说明了这个问题不仅是有限的，而且非常容易驾驭。这样，布饶尔的"偶数阶群"为分类计划确立了一个方向，暗示了要证明著名的有限单群分类定理，需要通过两步来实现：

第一步：确定有限单群中一个对合中心化子的所有可能结构。

第二步：对每个可能的结构，确定出带有这样一个对合中心化子的所有有限单群。

根据对合的中心化子的结构来分类单群的问题逐渐以布饶尔计划著称，由此，数学家们走上了有限单群分类的道路，为费特和汤普森证明每个有限非阿贝尔单群都是偶数阶这一重要突破提供了一把钥匙。从20世纪50年代到70年代这段时间，在代数学中占统治地位的关于有限单群分类的大多数进展都可以追溯到这些先驱性成就。布饶尔在他生命的余年一直研究有限单群分类的问题，虽然他没能亲眼看到有限单群分类的完成，但他的工作确实为取得这一重大成就提供了一个框架。

自 50 年代末，有限群的会议变得相当普遍了，他经常参加，许多年轻数学家马上就熟悉了他的工作。他们对他非常尊重，《名古屋数学期刊》用一期向他 60 岁生日献礼，《代数杂志》用一期向他 70 岁生日献礼。

六、决战病魔，铸就韧性人生

1969 年年初，布饶尔患上了重症肌无力，这是导致选择性肌肉弱化的一种神经性疾病，他的患病部位在眼部，因此尽管还能看书，但视力受到不小影响，当距离超出某个范围时眼前就会出现重影。他以坚韧的毅力适应这种艰难的状况，设法像正常人一样生活。

1976 年，布饶尔病重，不得不两次住院治疗，用他自己的话来说："这是我有生以来第一次在晚上看到病房。"但他很快就痊愈了，于是又马上投入工作之中。但是老年人的身体必定是各项机能都在走下坡路，1977 年 3 月中旬，他因患再生障碍性贫血不得不再次被送往医院。他知道自己病情严重，但仍坚信最终能够康复，在病床上向一直陪伴在他左右的妻子伊莎口授信件跟其他同行朋友进行通信联系。但这次他没能康复，4 月 17 日，布饶尔最终死于一般性脓血病。他的朋友们无法相信这场病会夺去他的生命，因为直到去世前他在智力上的灵敏与在数学上的活跃程度都很正常，他一直都在以一种不变的速度创造出独到的、深刻的研究成果。

作为 20 世纪的一位伟大数学家，他的地位值得肯定。但说数学家伟大似乎又没有什么客观的标准，直接去评价一个数学家的工作，实际上是一件十分困难的工作，因为 99% 的现代数学不但超出一般人，甚至也超出隔行数学家的理解。那么最简单的评价，可以用大多数人都能够接受的世俗标准来进行，那就是看他所获得的学术方面的荣誉和奖励。布饶尔的获奖情况大致如下：1942 年获古根海姆纪念奖、1945 年荣任加拿大皇家学会会士、1949 年获美国数学会科尔奖、1954 年被选为美国艺术与科学院会士、1955 年当选美国国家科学院院士、1957 年至 1958 年任加拿大数学会会长、1959 年至 1960 年任美国数学会会长、1963 年任伦敦数学会名誉会士、1964 年任哥廷根威森查夫顿研究院会士、1968 年获加拿大安大略滑铁卢大学荣誉博士学位、1969 年获芝加哥大学荣誉博士学位、1971 年获美国科学功绩奖、1974 年任美国哲学会会士并获印第安纳州圣母大学荣誉博士学位、1975 年获马萨诸塞州布兰迪斯大学荣誉博士学位。

布饶尔除了在数学研究方面做出重大贡献，还曾担任多种杂志的主编，为数学的学科建设做出了巨大努力：1943 年至 1949 年担任《加拿大数学会学报》主编；1944 年至 1945 年担任《美国数学杂志》主编；1949 年至 1959 年担任《加拿大数学杂志》主编；1951 年至 1956 年和 1963 年至 1969 年两度担任《杜克数学杂志》主编；1953 年至 1960 年担任《数学年鉴》主编；1954 年至 1957 年担任《加拿大数学会会报》主编；1964 年至 1970 年担任《代数杂志》主编。

布饶尔的聪明睿智、独立的判断力、温和的性格与耐性以及克服困难的决心，给每个熟悉他的人都留下了深刻的印象。他非常谦逊，从不妄自尊大，常常因别人把他的名字与他的发现成果联系起来而感到局促不安，一个学生曾因在单代数理论中用到"布饶尔代数类"这个术语而受到他严肃的批评。另外，布饶尔平易近人，他以同样的热情与友好态度处理跟学生以及同事之间的关系。在他感兴趣的数学谈话中，他常常是一个倾听者。如果你向他寻求建议，他会本着一种高度的责任感去处理，努力给出一个明智的、客观的答复。布饶尔之所以在数学界享有很高的地位，不仅仅因为他是一位伟大的数学家，还因为他的博爱、理解与谦卑，这些都是一个伟大人物的品质。

现在，美国和加拿大的多所大学中都有布饶尔的学生，或者是曾受到他影响的人。布饶尔向他们传递了德国代数学的优良传统，他以前在密歇根的一个学生曾这样评价他的讲课：

> 你会感到在你眼前一个技艺高超的工匠正在一砖一砖、一石一石地建立起一个宏伟的建筑。

从师于布饶尔的中国数学家段学复是模表示论的直接继承者，也是对此进行研究的第一位中国数学家，先后在自己的研究领域发表了约30篇学术论文以及一些其他论著。这些研究成果所涉及的问题始终是有限群论的主流，使得布饶尔的学术思想在中国大地上也结出了累累硕果。

七、布饶尔之影响在中国

布饶尔主要是通过他的学生段学复，将自己的数学思想流传于中国。本节先简单介绍段学复先生的生平，然后再简略评述他及其学生后辈的学术活动。

段学复是当代中国著名数学家、数学教育家、中国科学院院士，长期从事代数学方面的研究，在有限群的模表示理论、代数李群、有限 p 群、群论与组合数学的应用等方面取得丰硕成果，是我国代数学发展的重要组织者和代数学界的泰斗。他用模表示论研究群论的工作是开创性的，在应用模表示论研究单群分类问题方面具有重要意义。

段学复 1914 年出生于陕西华县。1932 年考入清华大学数学系，1936 年毕业并留校任教。一年之后，华北抗战兴起，北京大学、清华大学和南开大学迁往长沙和昆明，组成西南联合大学。段学复随同前往西南联大任教。1938 年秋，华罗庚从剑桥大学访问归来，在西南联大进行了《域论八讲》系列报告，并开设有限群讨论班，段学复参与了讨论班，并开始与华罗庚合作研究 p 群的计数定理。这是段学复从事代数学，尤其是有限群研究的开端。

1939 年上半年，段学复通过了在昆明举行的第 8 届英国庚款留学考试，旋即被派往英联邦国家加拿大留学。他于 1939 年秋动身，翌年方才抵达多伦多，进入多伦多大学数学系学习，指导他的导师，就是布饶尔。如前所述，布饶尔当时的研究领域是有限群的模表示论，他从 1935 年就开始这方面的研究，是该领域的奠基者和开创者，段学复到达那里时，这一领域还属于刚刚开垦的处女地。诚然，能在一个全新而重要的研究领域刚刚起步阶段，就有幸拜开拓者为师并与之共同打造新天地，实属天赐良机。而他以前与华罗庚合作进行的 p 群方面的研究，为跟随布饶尔研究有限群打下了坚实的基础。他参加了布饶尔关于有限群模表示论的讨论班，主要对某些阶有限群进行研究，1941 年获硕士学位。

后来因为布饶尔去普林斯顿访问，段学复获硕士学位后立即追随恩师去普林斯顿大学攻读博士学位。1942 年布饶尔发表了《论阶恰含某素数的一次幂的有限群》。在这篇论文的启发下，段学复做出许多重要结果，它们主要包括：（1）得出阶为 $pq^b m$ 的某些单群的结构，其中 p 和 q 为互异素数，b 和 m 为正整数且满足 $m \leqslant p-1$；（2）证明了迪克森《线性群》一书中所列出的单群表直到 10000 阶都是完全的；（3）确定了 pg' 阶的线性群的构造，其中 p 为素数，且 $(p, g')=1$，维数 $\leqslant (2p+1)/3$。围绕博士论文，尤其为得到上述结果，段学复对模表示论的一些基本事实进行了研究，如确定了 pg' 阶群的 p-块的布饶尔树的重要性质。他还跟布饶尔一起证明了三个引理，霍尔分别称它们为布饶尔－段－斯坦顿原理、布饶尔－段指标块分离原则和布饶尔－段定理。1945 年段学复发表《有限阶单群》一文，除包含上面三个引理外，还证明形如 prq^b（p, q, r 两两互素）的单群的阶只能为 60 或 168。

时光流逝，岁月荏苒，这些结果并没有湮没于历史的故纸堆里，它们宛如一颗颗明星散发出自己的光彩。这一方面是由于它们所涉及的问题一直是有限群论研究的主流，是这一工作后来发展的出发点；另一方面也是由于现有的新结果仍然无法绕过段学复以及他与布饶尔合作得到的上述结果。

1943年，段学复获普林斯顿大学哲学博士学位，毕业后，继续留在那里做了两年的博士后。在国外的这段时间，是段学复整个数学生涯中最重要的时期，为他以后的发展铺平了道路。1946年10月，他回到清华大学任数学系教授。接下来的两年里，他在多所学校授课。1947年上半年他指导曹锡华学习抽象代数和模表示论，并于次年下半年推荐曹锡华到美国密歇根大学向自己的恩师布饶尔学习。由于曹锡华在国内读过布饶尔的文章，所以他轻车熟路，马上就能独立进行科学研究，最终完成博士论文《含有两个素数二次幂的群的构造》。

1952年段学复到北京大学数学力学系担任系主任。尽管有些行政事务，但他仍然和自己的学生继续进行科学研究。1954年至1955年和1964年至1965年，段学复在北京举办了两期关于有限群模表示论的讨论班，指导王萼芳研究了$p \leqslant 27000$的有限单群，弄清了这类单群的结构；洪加威、李慧陵也确定了一些特殊类型的单群。此外，段学复和他的学生还计算出后来所谓的扬科群J_1的指标表。但可惜后来的"四清"和"文化大革命"中断了他们的研究工作，不然我国或许可以早于扬科找到这个新的散单群，这无疑是一个历史的遗憾！20世纪80年代，段学复的博士生张继平用单群分类定理和表示论彻底解决了维数$<p$的复线性群的结构问题，算是对布饶尔数学思想的进一步阐发。

2005年2月6日，病魔夺去了段学复的生命。但长江后浪推前浪，一代新人换旧人。在某种意义上，布饶尔、段学复和张继平的工作一脉相承。此后，樊恽、张广祥等新秀转入这一研究领域，接过了前人的接力棒。且进入 21 世纪以来，取得许多辉煌成果，引领中国数学闯入了国际前沿。饮水思源，应该感谢布饶尔和段学复老一代数学家的筚路蓝缕开启山林之功。正所谓：江山代有才人出，各领风骚数百年！布饶尔开创的事业，后继有人！

（作者：胡俊美　邓明立）

柯尔莫哥洛夫
"复杂性研究中的欧几里得"

安德烈·尼古拉耶维奇·柯尔莫哥洛夫
(Andrei Nikolaevich Kolmogorov, 1903—1987)

安德雷·尼古拉耶维奇·柯尔莫哥洛夫，由于在概率论中做了公理性奠基工作，被美誉为"概率论中的欧几里得"，著名的 KAM 理论中打头的首字母 K 指的就是他。[1] 他毫无疑问是苏联最伟大、最著名的数学家，在 20 世纪世界最伟大的数学家中也名列前茅。有论者认为，20 世纪数学家能与之比肩者，可能也就是庞加莱、希尔伯特、冯·诺伊曼等极少数几位巨匠了，因为他的研究领域遍及概率论、实分析、泛函分析、拓扑学、逻辑学、算法信息论、湍流、动力系统和遗传学等广泛领域，且凡有涉足，必有创新，甚至是奠基性成果。而且，柯尔莫哥洛夫可谓文理皆通，对历史、哲学、语言学和俄国诗歌韵律等诸多社会学科也有不少独特的研究和不俗见解，堪称是俄罗斯的一代科学奇人。

实际上，柯尔莫哥洛夫不仅是概率论巨擘，还是 20 世纪兴起的复杂性概念和理论的开创者之一，特别是 20 世纪后半叶发展起来的复杂性学科，可以说绝大部分的研究探索都建基于柯尔莫哥洛夫复

---

[1] KAM 的第二个字母 A，指柯尔莫哥洛夫的学生阿诺德，一个著名数学家和物理学家，发现了一种在拟周期轨道之间存在的特别的混沌现象，后来这个发现被命名为阿诺德扩散，这一发现被称为经典力学的第二个重要成就，他和柯尔莫哥洛夫共同解决了希尔伯特的第 13 问题。第三个字母 M 指的是著名数学家莫泽。KAM 所代表的三位数学家均获得过数学方面的沃尔夫奖。

杂性概念基础之上，或是受到柯尔莫哥洛夫复杂性研究的激励。因此，柯尔莫哥洛夫不但是"概率论中的欧几里得"，也完全当得起"复杂性研究中的欧几里得"之美誉。此文将在简略介绍柯尔莫哥洛夫生平的基础上，重点评述其在复杂性学科的奠基性工作。

一、人生旅程：生平和荣誉

柯尔莫哥洛夫于1903年4月25日出生在俄罗斯的坦波夫市，这地方现在是位于莫斯科南部偏东方向的坦波夫州的首府，距离莫斯科400多公里，1903年的时候还只是个偏僻的小镇。据圣安德鲁斯大学关于柯尔莫哥洛夫的传记介绍，柯尔莫哥洛夫的父亲尼古拉依·卡塔耶夫是一个牧师的儿子，学农艺出身，也是个曾被沙俄流放过的职业革命家。十月革命后曾在政府农业部门工作，于1919年死于与邓尼金作战的前线。柯尔莫哥洛夫的母亲玛利亚·雅科夫列夫娜·柯尔莫哥洛娃在生下柯尔莫哥洛夫10天后就不幸去世。因此柯尔莫哥洛夫实际上几乎从一出生就成了孤儿，是由他的姨妈抚养长大，他的姨妈成为他真正意义上的母亲。柯尔莫哥洛夫对他的姨妈维拉·雅科夫列夫娜·柯尔莫哥洛娃怀有很深的感情。

柯尔莫哥洛夫的童年时代是在伏尔加河畔的俄罗斯城市雅罗斯拉夫尔的外祖父家度过的，这地方又在莫斯科的东北部。后来，他6岁左右时又随姨妈迁居到了莫斯科。柯尔莫哥洛夫这一姓氏就来自他的外祖父雅科夫·斯捷潘诺维奇·柯尔莫哥洛夫。

柯尔莫哥洛夫的幼年生活应该是非常动荡的，那时候，俄国二月革命之后，紧接着就是第一次世界大战，再加上后来的布尔什维克革命，各种流血冲突、内战和随之而来的饥荒，苏联红军与白军争夺政权时拉锯般的流血和恐怖，幼年的柯尔莫哥洛夫及其家庭自然会遭受到不小的影响。但是，作为旧贵族的外祖父的家境似乎还不错，所以，柯尔莫哥洛夫很早就进入姨妈的乡村学校学习，后来则被送入莫斯科的一所法文学校学习。据说在智慧和学习方面，柯尔莫哥洛夫五六岁时就表现出某种数学天才。据他自己回忆，自己很小的时候就发现了奇数与平方数之间的某种规律：$1=1 \times 1=1^2$，$1+3=2 \times 2=2^2$，$1+3+5=3 \times 3=3^2$，$1+3+5+7=4 \times 4=4^2$，感觉非常神奇。总之这证明柯尔莫哥洛夫的确是个数学天才。当然他后来的一系列表现证明了他自己的这个自夸并非空穴来风。

1919 年至 1920 年革命刚刚结束以后的一段时间，柯尔莫哥洛夫离开学校在铁路上做过售票员工作以维持生计。1920 年，17 岁的柯尔莫哥洛夫进入莫斯科大学学习。但是开始时，他并不完全钟情于数学，而对将数学与历史结合在一起的研究很有兴趣。他积极参加莫斯科大学历史学教授巴克卢辛·维拉蒂米洛维奇的历史学讨论班，还认真写下了研究结果，即一篇题为《15 世纪诺夫哥洛德地区的财产管理》的论文。关于这篇文章，俄罗斯历史学家瓦伦丁·亚宁在后来的评述中写道：

> 作为其研究方法的基础，作者提出了概率理论的应用，这一方法从未被运用到诺夫哥洛德地区财产注册的研究上，而且直至今日也未被广泛采纳。历史学界的这一遗憾正是源于学者们对柯尔莫哥洛夫七十年前这篇论文的忽视。

当年的忽视者，当然首推那位巴克卢辛·维拉蒂米洛维奇教授。据肯德尔等人记述，当时巴克卢辛看了这篇文章后对柯尔莫哥洛夫说道："你只为你的报告提供了一个证据，在数学上你的研究或许是充足的，但是我们的历史学研究至少需要 10 个证据。"柯尔莫哥洛夫一听，觉得还是从事一个证据就能决定结果的数学可能更好。因此放弃了历史，转回了数学。柯尔莫哥洛夫后来常常把这个事情作为一个笑话来谈，说是追求唯一的证据将自己引向了数学领域。但有时他也不无遗憾地认为，自己其实还是可以从事历史研究的。所以，他晚年还真花了不少时间进行历史研究，并且真的取得了一些成果，稍微弥补了自己早年的遗憾。

柯尔莫哥洛夫进入莫斯科大学时注册的是门捷列夫学院冶金化学系，但是他很快就决定改为学习数学，这个决定可能也与那个历史非唯一决定论故事有关。反正自此柯尔莫哥洛夫就在数学的领域中施展才能，很快就闯出了一片自己的天地。

成为莫斯科大学学生的第一年，他在学习方面遇到了三位苏联著名数学家——卢津、弗拉索夫和斯捷潘诺夫，他们分别在函数理论、射影几何和三角级数方面有很深的造诣。而他妻子安娜的父亲，莫斯科大学知名教授依戈罗夫可能也对他影响很深。在他们主持的讨论班上，柯尔莫哥洛夫显示了自己的数学直觉天才，而且其数学技能也得到了飞速发展。第一年，他完成了一项关于三角级数方面的研究。第二年，他的有关集合论的一个研究成果发表。而在第三年，即 1922 年，他构造的一个几乎处处发散的三角级数案例，解决了与傅立叶级数收敛性质密切相关的重要问题，这个成果发表后，立刻使他赢得了苏联数学界的认可。

1925 年，当柯尔莫哥洛夫从莫斯科大学毕业时，他已经发表了 10 篇研究论文（1923 年 2 篇，1924 年 2 篇，1925 年 6 篇）。由于出色表现，他被留在莫斯科大学继续学业，成为尼古拉·卢津教授的研究生和助手。跟随卢津学习的 5 年也是柯尔莫哥洛夫作为卢津学派的骨干、在数学功力上突飞猛进、创造力强劲爆发的第一个高潮期。

成为卢津的研究生后，柯尔莫哥洛夫在短短一年时间内就发表了数篇论文，而且几乎在每一篇论文中都提出了新概念、发展了新方法和新思想。他先是与师兄、亦是苏联现代概率论的另一位开山大师亚历山大·辛钦合作，写就了自己关于概率论的第一篇论文，内容含有关于三角级数的收敛性定理，还有关于独立随机变量部分和的不等式，这后来成了鞅不等式以及随机分析的基础知识。然后他又证明了希尔伯特变换的一个切比雪夫型不等式，这个结果后来成为调和分析的基础。此外，两人还合作证明了独立随机变量序列满足大数定律的充要条件、重对数法则的宽泛条件以及独立同分布情形下强大数定律的充要条件等，为卢津学派的确立立下汗马功劳，也为现代概率论的创立打下坚实基础。

从 1930 年到 1931 年，柯尔莫哥洛夫得到机会随另一位师兄，也是苏联著名数学家的亚历山德罗夫去欧洲国家学习。他们遍访欧洲的柏林、哥廷根、巴黎等数学重地，拜访和结识了包括希尔伯特、外尔、柯朗等在内的德国数学大家，以及勒贝格、弗莱歇以及莱维等法国的数学名家，并与这些西方同行做了深入的交流，这些交流一方面使柯尔莫哥洛夫眼界大开，另一方面也让他对自己信心百倍，这都为他之后的科学生涯增加了强大的后劲。

整个20世纪30年代，是柯尔莫哥洛夫数学生涯中的又一个高峰期。在此期间，他在概率论、射影几何、数理统计、函数论、拓扑学、逼近论、微分方程、数理逻辑、生物数学、数学方法论等方面发表了几十篇论文。特别是在拓扑学上的成就尤为突出，典型的是他定义了上同调群、上同调环的定义，这一系列成果深刻改变了拓扑学的面貌。而且他还早于维纳得到了平稳随机过程论的一系列结论。

到20世纪40年代，柯尔莫哥洛夫的兴趣转向应用数学领域。这期间，他发表了两篇关于湍流的论文，这两篇论文成为该学科的重要文献。此外，他还证明了孟德尔遗传学定律的正确性，这在苏联是要冒巨大政治风险的，由此可见他对科学真理的执着追求。不仅如此，他在气象学、弹道学甚至金属结晶方面都做出了重要贡献。

在家庭生活方面，柯尔莫哥洛夫直到1942年已经39岁时才结婚。他的妻子安娜·达米特耶维娜·依戈罗夫是他在莫斯科大学老师的女儿。结婚后他们没有自己的孩子。安娜的父亲达米特·费德罗耶维奇·依戈罗夫曾是莫斯科大学一个很有影响的数学教授，然而他具有很深的宗教倾向，并且反对在大学里宣讲马克思主义的方法论。他1929年被学校解除了莫斯科大学数学和物理研究所主任职务，随后不久被作为宗教宗派主义者、反动分子逮捕入狱。据说依戈罗夫曾以绝食抗争，后终因身体衰弱等原因于1931年在狱中逝世。从柯尔莫哥洛夫的事业发展看，这件事情并没有影响到柯尔莫哥洛夫本人，虽然柯尔莫哥洛夫是在11年后娶依戈罗夫的女儿为妻的。反过来看，在20世纪40年代二战期间的苏联，柯尔莫哥洛夫能娶安娜为妻，也反映了柯尔莫哥洛夫的人格品德。当然苏联学者和官方的传记，向来对此讳莫如深。

下面是柯尔莫哥洛夫的学术生涯的一个并非完整的履历清单：

1929年获得博士学位，同时进入莫斯科大学任教。

1931年成为莫斯科大学数学教授。

1933年到1939年，任莫斯科大学数学科学研究所主任。

1938年到1966年，在莫斯科大学，一直主持概率论讲座。

1939年，与辛钦一起当选为苏联科学院院士，并且担任了数学物理部的秘书，担任《苏联大百科全书》的数学部分的主编。

1946年到1954年，并从1983年起，他一直是苏联数学研究杂志的主编。

1951年到1953年，任莫斯科大学数学和力学所主任。

1954年到1956年，1978年到至少1983年，任数学和力学系的数学部主任。

1954年到1958年，任大学数学和力学学院院长。

1965年首次获得列宁奖章，还获得过十月革命奖章和苏联英雄的称号。

1964年到1966年，并从1976年到1983年，柯尔莫哥洛夫一直是莫斯科数学学会的会长。

1966 年到 1976 年，任全苏联统计方法实验室主任。

1976 年到 1980 年，他是自己所创立的数学统计学学会的主席。

从 1980 年起，他是数理逻辑学会的主席。

柯尔莫哥洛夫是苏联数学家中当选国外科学院和科学社团会员最多的一个，大约超过 20 个，其中包括荷兰皇家科学院（1963）、伦敦皇家学会（1964）、美国国家学会（1967）、巴黎科学院（1968）、波兰科学院（1956）、罗马尼亚科学院（1956）、德国利奥波德尼亚科学院（1959）、波士顿的美国科学和艺术院（1959）。他还被巴黎、柏林、华沙、斯德哥尔摩等大学授予荣誉博士学位；他也是莫斯科、伦敦、印度和加尔各答数学学会、伦敦皇家统计学会、国际统计学会和美国气象学会的荣誉会员。

1963 年，被授予国际巴尔扎恩奖。

1980 年，获得具有数学领域终身成就奖的沃尔夫奖。

二、前赴后继：科学教育与学生培养

柯尔莫哥洛夫在数学之外也具有许多浓厚兴趣，例如他曾经研究过数学教育和一般社会问题。特别在学生培养方面，他堪称大师。在研究所里他不仅指导自己的学生，而且关心其他学生的成长。他经常和挚友亚历山德罗夫带领学生在莫斯科郊外远足郊游，这种远足有时长达 40 公里，远足后在他们郊外的别墅举行宴会。这时，柯尔莫哥洛夫的幽默和睿智就发挥得淋漓尽致，而柯氏的学生们便大大受益了，师生的交流像涓涓溪流一样汇入苏联数学的"伏尔加河"，使它源源不断向前流去。

柯尔莫哥洛夫非常善于启发学生，由于他在思考数学重大问题的那种直觉，他经常能够触及问题的本质，但是其后的证明问题，他常常把它们留在他指导学生的教学黑板上。像希尔伯特的第13问题，柯尔莫哥洛夫的思想就启发了他的学生阿诺德，最后由阿诺德解决了这个难题。智力的刺激和广泛的文化熏陶对学生成长起了重要作用。

柯尔莫哥洛夫一生当中直接培养的学生有60到70名，其中包括：

成为苏联科学院院士的米林斯奇科夫，后来还成为苏联科学院副院长；马尔采夫；尼科尔斯基；盖尔范德；史拉兹丁诺夫；普罗霍罗夫；奥布霍夫。

成为苏联科学院通讯院士的博尔舍夫；布洛夫科夫；莫宁；阿诺德；塞瓦斯梯亚诺夫。

成为乌克兰科学院院士的格涅坚科；米哈列维奇。

其他还有巴维利、维奇琴科、希罗夫和布林斯基等数十人。这些学生的研究领域主要分布在理论地球物理学、数理逻辑、泛函分析、概率论、函数论等方面。

自1978年到2001年全世界共有39名数学家获得沃尔夫奖，其中俄罗斯或苏联数学家共6位，而柯氏及其学生就占了其中4位。而且特别有意思的是，在这4位中，首先是柯尔莫哥洛夫的学生盖尔范德，他主要因为对泛函分析、群表示论的工作而获得1978年首届沃尔夫奖。然后才轮到老师柯尔莫哥洛夫本人，他在1980年因为对概率论、调和分析、动力系统做出重要贡献而获沃尔夫奖。再次是赛奈,他因为对统计力学中数学严格方法、动力系统的遍历理论做出重要贡献而获得 1997 年沃尔夫奖。最后是柯尔莫哥洛夫最得意的门生阿诺德,他因对动力系统、微分方程、奇点理论做出重要贡献而获得 2001 年沃尔夫奖。看看这些获奖工作的主要方向,人们不难发现,它们都与柯尔莫哥洛夫所开先河的工作以及在柯尔莫哥洛夫更先前的俄罗斯数学家的工作有关。

柯尔莫哥洛夫晚年始终关心苏联的数学教育,特别是数学的基础教育。他花费了大量精力,从事数学普及工作,写作教科书,培养数学基础人才。苏联之所以能保持一个数学超级大国的地位,其中也有这位苏联数学教育家的重要贡献。

三、奠基研究:概率论、信息论和复杂性

除了数论,柯尔莫哥洛夫的研究覆盖了几乎所有的数学研究领域,在其一生中,他发表了超过 300 篇的研究论文、专论和教科书。柯尔莫哥洛夫极富数学直觉的天赋,他不但能够迅速识别问题的重要性,而且能够迅速领悟问题可能的答案,直接到达研究的彼岸。因此,柯尔莫哥洛夫被认为在研究上是一个"快枪手"。他的同事兼挚友亚历山德罗夫曾开玩笑说:

> 数学天才有两类:"快"的和"慢"的。希尔伯特属于"慢"的天才,而柯尔莫哥洛夫无疑是"快"的天才。

就研究贡献看,概率论的基础完善、信息论概念的清晰化和复

杂性概念的建立无疑是柯尔莫哥洛夫留给后人的最卓著的成就。

柯尔莫哥洛夫对概率论的兴趣早在1924年学生时代就开始萌生，经过将近10年的努力，到1933年他以类似欧几里得几何学的基础公理方法建立起了严格的现代概率论。因此，他的学生、合作者，解决了希尔伯特著名的第13问题的数学家，也是著名的KAM理论的创始人之一的阿诺德才称柯尔莫哥洛夫是"概率论中的欧几里得"。

1924年，作为彼得堡学派传统继承者的苏联数学界，有关概率论方面的研究非常多，但却相对缺乏严格的基础性定义。1931年，柯尔莫哥洛夫发表了论文《概率论中的分析方法》，使用新的分析法一举奠定了现代马尔科夫过程理论的严格化基础。他在1933年出版的德语著作《概率演算的基础》深入地研究了概率论的若干前提假设，例如米泽斯的频率稳定性等，重新建构了概率论的逻辑基础，成为他开创随机过程理论的一个必要前提。格涅坚科对柯尔莫哥洛夫在概率论方面的工作评价中写道：

> 在概率论的历史中，难以找到以如此决定性的方式改变已经建立起来的观点和基本倾向的研究著作，它标志着概率论一个新的发展阶段的开始。

概率论所处理随机事件在数学形式意义上和在直觉意义上的含义上往往并不相同。直觉意义上的随机事件指的是那些我们不能发现任何规律性以使我们预测它们行为的现象。柯尔莫哥洛夫认为没有任何直接理由说明这种意义上的随机事件遵守概率论。然而,为什么概率论完全可以应用到现实世界的随机现象中呢?该问题的本质内涵可以通过算法理论和递归函数论做出解答。

从历史上看,柯尔莫哥洛夫对概率论逻辑基础的考察根植于米泽斯关于随机的无限序列的概念。米泽斯提出了概率论应用的基本假设为频率的稳定性,即概率的传统定义,其经验基础是自然界中的许多现象具有频率稳定性特点。对这一直觉观念的考察以及试图用形式化的数学语言给予表述就成为概率论应用的一个重要逻辑前提。它表示的是所有事件结果中占优势的结果数目与总数目的比率。

柯尔莫哥洛夫认为直接把它作为概率论的一个定理应该做进一步的规范,这就提出了把算法作为概率论基础的基本思想。实际上,第一个把算法和递归函数应用到概率论的是丘奇。1940年丘奇已经提出了一个米泽斯随机序列的算法形式,但是结果并不令人满意。柯尔莫哥洛夫在对直觉主义逻辑、递归函数论和算法理论所做的发展的基础上指出:这样的选择规则可以由一个算法(或图灵机)得到。

信息论思想出现后不久,柯尔莫哥洛夫立刻觉察到它的重要性。针对申农等人把信息概念建立在概率基础上的倾向和做法,柯尔莫哥洛夫立刻发现这可能存在问题,他认为,"信息量定义的逻辑方法对任何概率论假设具有逻辑独立性",并且提出了一个全新的观点:

>   信息论在逻辑上要先于概率论出现，而不是以后者为基础。

他认为信息论的逻辑基础应该为有限组合。

用熵来定义信息是传统信息论的基础，但柯尔莫哥洛夫并没有停留在这一层面上，而是深入考察熵的定义，对信息论前提做了重要的评判工作。一般地，熵的概念用概率定义。其含义与个体对象无关，而只是与"随机"事件（对象）的概率分布有关。这间接地决定了信息概念在含义上也是一个统计意义上的概念，与个体对象无关。然而并不是所有的信息论应用都满足这种统计要求。

为了弥补信息的概率定义的这一局限，柯尔莫哥洛夫"把概率计算问题归结为组合问题"。如果有 n（n 很大）个相互独立事件，且每个事件有 s 个可能结果，那么，为了确定其中的一个事件，我们需要大约 nH 个二进制位数。但这一结果在完全组合的假设情况下有效。为了得到事件的结果，只要知道每一事件出现的次数 $m_1 \cdots m_s$ 和事实上（可能）发生的结果的数目

$$C(m_1 \cdots m_s) = \frac{n!}{m_1! \cdots m_s!} \tag{1}$$

此时，我们只需要不超过 nH 个二进制位数就可以。当 n 足够大时，上式变为

$$n\left(-\Sigma \frac{m_i}{n} \log \frac{m_i}{n}\right) \sim nH \tag{2}$$

这一结果不但满足大数定理，也适合单个事件的情况，信息的概率

定义可以作为信息的组合定义的一种特殊情况,因此它具有更大的普适性。

1965年他把复杂性测度引入随机性算法理论,建立了复杂性概念,即现在人们所熟悉的柯尔莫哥洛夫复杂性。按照柯尔莫哥洛夫的观点,一个对象的复杂性就是能够再现该对象的计算机程序的最短长度。他认为,随机对象本身就是它们的最短描述。于是,周期序列就具有很低的柯尔莫哥洛夫复杂性,这表明,柯尔莫哥洛夫复杂性概念是一种随机性测度,接近于一个信息源的申农熵的概念。

直观意义上的"复杂性"是和"简单性"相对而言的,它们与"真"和"能行过程"一样都是非形式化概念。信息论的出现,使得"复杂性"概念的形式化成为可能。一般来讲,如果一个对象是"简单的",对于它的描述需要很简短的表述,即需要很少的信息;如果一个对象是"复杂的",对它的描述需要很长的表述,即需要更多的信息。因此,复杂性的含义就在于:复杂性的对象需要更长的描述,从而将"复杂性"的定义自然地与对象的描述长度联系起来。然而,由于概率概念是当事件的数量趋于无穷时的极限概念,决定了信息的概率概念具有同样的特点,因此不能证明可以把概率信息概念应用到只有有限事件的实际问题中去,即复杂性不能用传统概率信息所表征的描述长度来度量。

随着有限对象的一般描述以及描述复杂性、随机性和先验概率概念的递归不变方法的发现,柯尔莫哥洛夫建立了信息论的算法逻辑基础。正如柯尔莫哥洛夫所说的,除了已经接受的信息量的概率论定义外,在许多情况下,其他方法是可能的和自然的:组合方法和代数学方法导致一个新的科学分支——算法信息论即柯尔莫哥洛夫复杂性理论的出现。1965年，柯尔莫哥洛夫在不知索罗莫戈洛夫工作的情况下，用算法理论把描述有限对象的复杂性定义为算法上可构造的可生成对象的最短程序长度。

柯尔莫哥洛夫的基本思想是，把所描述的对象集合中的元素通过一个映射枚举出来，形成函数 $n=S(p)$。进一步地，如果该函数是可计算的，则这种表达方式被称为是"有效的"。在所有这些描述中，把最小描述长度作为"复杂性"的量度，即柯尔莫哥洛夫将复杂性定义为：

$$K_s(x) = \min\{l(p), S(p) = n(x)\} \quad\quad (3)$$

由此可以看出，柯尔莫哥洛夫算法复杂性概念的逻辑基础为递归的、可枚举的和可计算的。因此，算法复杂性是对一类复杂对象的描述。柯尔莫哥洛夫还指出了该复杂性定义的一个基本缺陷：它没有考虑用程序 P 生成对象 x 的"困难"。这一缺陷成为后来在复杂性研究中的一个重要概念——"深度"的研究动力和起点。与此相对应，我们估价根据复杂对象得到它的图式，即程序 P 的"艰难性"也成为度量复杂性的新维度——"荫蔽性"概念的思想源泉。它们都是衡量人们在认识复杂对象过程中所付出的"代价"。

传统的"随机性"通常指的是缺乏"规则性"。规则性好的序列其描述长度必定很短，如对十进制序列12740311274031 1274031……的描述可以用"重复打印1274031"来表示，其复杂性很小。而规则性差的序列其描述长度也不一定很长，如序列的值3.141592……，它满足几乎所有的随机性测试，而且用很短的描述

"打印"即可得到该序列，但其复杂性很大。因此，柯尔莫哥洛夫复杂性并不是传统随机性大小的量度。

根据米泽斯的观点，传统概率论应用的基础是频率稳定性假设。例如，假设有一串用 0-1 表示的长度为 n 且有 m 个 1 的事件结果序列 1101000111001011……，如果 1 出现的概率 $m/n \sim p$ 并不随着其子序列的选择而发生变化，那么，就认为 1 的出现是随机的。

柯尔莫哥洛夫进一步证明，如果序列的复杂性满足某种条件，则米泽斯的频率稳定性条件自动得到满足。由此可以得到，如果一个有限对象的复杂性不少于对它本身的描述长度，那么自然地认为该对象是随机的。

在对一些对象的表述中，如果其他一些对象是已知的，那么，它的复杂性可能减小。这一事实反映了条件复杂性的定义，即在已知对象 y 的情况下，其条件复杂性为：

$$K_s(x|y) = \min\{l(p), S(p) = n(x)\} \quad (4)$$

如果条件复杂性 $K_s(x|y)$ 比非条件复杂性 $K(x)$ 小，那么，我们自然认为对象 y 包含"关于对象 x 的信息"。其差值 $I_s(x|y) = K_s(x) - K_s(x|y)$ 被认为是包含在其中的信息量。

在上式中，令 $y=x$，则有 $K_s(x|x)=0$，$I_s(x|x) = K_s(x)$ 即复杂性 $K_s(x)$ 表示包含于对象本身中的信息量。这样，柯尔莫哥洛夫用复杂性概念定义了信息量概念，在逻辑上与用信息定义复杂性相反。于是，在柯尔莫哥洛夫的研究道路上，他自然而然地通过概率论、信息论和随机性的研究，最终走上了对复杂性研究的道路，并且使得柯尔莫哥洛夫复杂性概念成为复杂性研究中一个最基

础性的概念，从而成为21世纪复杂性的进一步研究的历史和逻辑的起点。

1973年，苏联科学院数学部、莫斯科数学学会和苏联数学学报编辑部在柯尔莫哥洛夫诞辰七十周年之际对他所研究的领域及做出的成就做了一个概括，这可以作为对柯尔莫哥洛夫一生研究和教育事业的总体评价：

> 您对现代数学的发展及其应用做出了杰出的贡献。您的基础性研究决定了20世纪数学领域许多分支的整个发展图景。三角级数理论、测度论、集合论、积分理论、可构造性逻辑、拓扑学、渐近理论、概率论、随机过程理论、信息论、数理统计、动力系统、有限自动机、算法理论、数理语言学、湍流理论、天体力学、积分方程、希尔伯特的第13问题、弹道理论和在生物学、地理学、金属结晶学中的数学应用，是您所涉及的数学分支和您深邃的思想所丰富起来的理论应用的一个不完备列表。您总是把数学应用与数学和其他学科建立起重要的联系。您广博的研究兴趣和教育天赋总能吸引许多年轻的科学家。

四、生命之歌

从20世纪20年代到80年代，在长达半个多世纪的漫长学术生涯中，柯尔莫哥洛夫始终保持着旺盛的创造力，不断提出新问题、构建新思想、创造新方法，在世界数学舞台上保持着历久不衰的生命力。以至于有个美国数学家在1963年到苏联参加数学会议时这么调侃说：

> 我来苏联的一个特别目的，就是想确定柯尔莫哥洛夫到底是一个人呢，还是一个研究机构。

除了勤奋思考，他的创造力也部分得益于健康的体魄。柯尔莫哥洛夫酷爱体育锻炼，他的许多奇妙而关键的思想往往是在林间漫步、湖中畅游、山坡滑雪的时候诞生的，所以他被人称作"户外数学家"。甚至国际数学界还流传着这样一个故事：1962年柯尔莫哥洛夫访问印度，他提出建议说印度可以把所有大学和研究所都建在海岸边上，以便师生在开始严肃讨论前可以先游泳。

在柯尔莫哥洛夫的一生中，他非常珍视与另一位苏联数学大师亚历山德罗夫的深厚友谊。早在20年代，当他还是大学研究生的时候，就结识了比他大7岁的师兄亚历山德罗夫。两人的友谊从这时候开始，一直持续到生命的终点。

柯尔莫哥洛夫和亚历山德罗夫不但是学术上的伙伴，也是生活和体育锻炼上的密友。从20年代开始，两人就经常一起去莫斯科郊外远足锻炼。他们曾一起乘船沿伏尔加河穿越高加索山脉，来到塞万湖中的小岛上，开始每天游泳爬山晒太阳的惬意生活，在这期间，亚历山德罗夫与拓扑学大师霍普夫合作完成了拓扑学传世名著《拓扑学》，而柯尔莫哥洛夫则开了扩散理论研究的先河。

亚历山德罗夫后来回忆这段友谊说：

> 1979年是我与柯尔莫哥洛夫友谊的五十周年，在整整半个世纪里，这种友谊不仅从未间断过，而且从未有过任何争吵。在任何问题上，我们之间从未有任何误解，无论它们对于我们的生活和我们的哲学是如何重要，即便是在某个问题上有分歧，我们彼此对对方的观点也抱有完全的理解和同情。

1935年两人在科马洛夫卡合买了一座小别墅后，就长期保持着每周有4天时间在科马洛夫卡度过，另外3天则住在城里的学校公寓。郊外时间中保证有一整天是体育锻炼时间。经常性运动包括滑雪、划船、徒步长距离行走，距离经常达30公里以上。在晴朗的3月天，他们常常穿着滑雪鞋和短裤，连续4小时在外锻炼。每日早晨的锻炼是不间断的，冬天还要再跑10公里。当河冰融化的时候，他们还喜欢下水游泳。在柯尔莫哥洛夫70岁生日庆祝会期间，学生们还组织了一次滑雪旅行，柯尔莫哥洛夫穿着短裤，光着膀子，老当益壮，甚至把那些比他年轻很多的学生都甩在了后面。

锻炼身体不但是一种增强体魄的手段，它本身也是生活的一个重要组成部分。柯尔莫哥洛夫的学生、著名数学家格涅坚科曾回忆说：

> 对于柯尔莫哥洛夫的所有学生来说，师从柯尔莫哥洛

夫做研究的岁月是终生难忘的：在科学与文化上的发奋努力、科学上的巨大进步、科学问题的全身心投入。难以忘怀的是周日那一次次的郊游，柯尔莫哥洛夫邀请所有他自己的学生（研究生或本科生）以及别的导师的学生。在这些30至35公里远直到波尔谢夫、克里亚兹马和别的地方附近的郊游过程中，我们一直讨论着当前的数学（及其应用）问题，还讨论文化进步，特别是绘画、建筑和文学问题。

从这些活动中可以看出柯尔莫哥洛夫乐观开放、积极进取的人生态度、广博的个人爱好以及为人处世、提携后辈的精神境界。

在晚年，他罹患了帕金森综合征，在生命的最后几年几乎失明。但他仍然保持了达观积极的人生态度，继续坚持对数学和其他知识世界的探索，可谓将学术兴趣坚持到最后一刻，直到1987年10月20日逝世于莫斯科，享年84岁。

在他去世之后的2003年1月，一批世界著名数学家云集莫斯科，参加题为"柯尔莫哥洛夫与当代数学"的学术会议，作为对这位伟大数学家的百年诞辰的纪念。会议规格之高与国际数学家大会的中心会议相仿，有12位当今一流数学家在大会上做了1小时的主题报告，内容涉及数学的几乎所有重要领域。而柯尔莫哥洛夫一生中在数学的这些重要领域都提出了独创性思想，导入了崭新而强有力的方法。可以预见，他的这些成就，特别是关于复杂性概念和思想，将会永放光辉、照亮未来。

（作者：吴　彤　于金龙）

参考资料

希尔伯特 现代数学的巨人

[1] David Hilbert. Cesmmel Abhandlungen Ⅰ.Ⅱ.Ⅲ.[M]. Springer. 1932–1935.

[2] Reid. David Hilbert [M]. Springer. 1970.

[3] H. Weyl. David Hilbert [M]. Amer. Matb. Moatbly, 1944.

哈代 不仅仅是数学家

[1] G. H. Hardy. Collected Papers [C]. Ⅰ–Ⅶ, Oxford, Clarendon Press. 1966–1979.

[2] E. C. Titchmarsh. Godfrey Harold Hardy [J]. Jour. London Math. Soo, 25（1950）：2, 81–101.

[3] L. S. Bosanquet etc. Some Aspects of Hardy's Mathematical Work [J]. Jour. London Math. Soo. 25（1950）；2, 102–188.

[4] G. H. Hardy. A Mathematician's Apology 1940 [M]. Cambridge Universtry Press. 1967.

[5] C. H. Hardy. Ramanujan [M]. Cambridge University Press. 1940.

[6] L. Young, Ma. the maticians and their Times [M]. North Holland. 1981.

[7] C. R. Flether, G. H. Hardy-Applied Mathematician [J]. Bull IMA, 16(1980)：2–3.

[8] J. D. 贝尔纳. 科学的社会功能 [M]. 北京：商务印书馆. 1982.

[9] 安德鲁·博伊尔. 背叛之风 [M]. 北京：新华出版社, 1981.

哥德尔　当代最伟大的逻辑学家

[1] Kurt Göodel. Collected Works [C]. Feferman, S. et al. (eds.) Vol I, Publications 1929–1936, Vol II, Publications 1938–1974, Oxford University Press, 1986, 1990.

[2] Wang, Hao (王浩). Reflections on Kurt Gödel [M]. MIT Press, 1987.

[3] Wang, Hao. From Mathematics to Philosophy [M]. Humanities Press, 1974.

[4] Wang, Hao. Kurt Gödel's intellectual development [J]. Math.Intelligencer, 1, 182–184. 1978.

[5] Wang, Hao. Some facts about Kurt Gödel [J]. J. Sym. Logic, 46, 653–659. 1981.

[6] Drucker, Thomas (ed.). Perspectives on the History of Mathematical Logic [C]. Birkhäuser, 1991.

[7] Barwise, Jon (ed.). Handbook of Mathematical Logic [A]. North-Holland, 1977.

[8] Russell, Bertrand. Autoliograpby [M]. vol. II, Gevrge Allen & Unwin, 1968.

李雅普诺夫　彼得堡数学学派的健将

[1] А. М. Лукомская. Александр Михайловкч Ляпузов [C]. Издательство АН СССР, 1953.

[2] В. П. Цесевич. А. М. Ляпунов, Издательство Знани [C]. Москва, 1970.

[3] И. З. Штокало. История Отечественной Математики [C]. Издательство Науква Думка, Киев, 1967.

[4] Ch. C. Gillispie. Dictionary of Scientific Biography [A]. Charles Scribner's Sons, Vol. 8, New York, 1971.

马尔科夫　彼得堡数学学派的中坚

[1] А. А. Марков. Биография А. А. Маркова, Избранный труды теории чисел и теории вероятно-стей А. А. Маркова [C]. Издательство Академни Наук СССР, 1951.

[2] И. З. Штокало. Историл отечественной математикн [M]. том 2, Издательство Наукова думка, 1967.

[3] Б. В. Гнеденко. Развитие теории вероятностей в России, Труды ниститута истории естории естествозиаиия [M]. том 2, Издательство Академии Наук СССР, 1948.

[4] Ch. C. Gillispie. Dictionary of Scientific Biography [A]. Charles Scribner's Sons, Vol. 9, 1971.

弗兰克尔　一代公理化集合论大师

[1] M. Kline. Mathematical Thought from Ancient to Modern Times [M]. Oxford University Press, 1972.

[2] L. Corry. Modern Algebra and the Rise of Mathematical Structures [M]. Birkhäuser Verlag, 1996.

[3] A. H. Fraenkel. 'Über die Teiler der Null und die Zerlegung von Ringen' [J]. Journal Fur Die Reine und Angewandte Mathematik, 1914.

[4] A. H. Fraenkel. 'Über einfache Erweiterungen zerlegbare Ringe' [J]. Journal Fur Die Reine und Angewandte Mathematik, 1921.

[5] Y. Bar-Hillel, E. I. J. Poznanski, M. O. Rabin, A. Robinson. (Eds) Essays on the Foundations of Mathematics: Dedicated to A. A. Fraenkel on his Seventieth Anniversary [C]. North-Holland Publishing Company, 1962.

[6] 胡作玄, 邓明立. 20世纪数学思想[M]. 济南: 山东教育出版社, 1999.

[7] 李文林. 数学史概论: 第三版[M]. 北京: 高等教育出版社, 2011.

布饶尔 有限群领域的辛勤耕耘者

［1］R. Brauer. Collected Papers［C］. W. J. Wong and P. Fong（eds.）, MIT. Press, 1980.

［2］W. Burnside. Theory of Groups of Finite Order［M］. Dover Publications, 1911.

［3］W. Feit, Richard D. Brauer. Bulletin of the American Mathematical Society［J］. 1979.

［4］R. Brauer, Emil Artin. Bulletin of the American Mathematical Society［J］. 1967.

［5］胡作玄. 布尔巴基学派的兴衰——现代数学发展的一条主线［M］. 北京：知识出版社, 1984.

［6］J. A. Green, Richard Dagobert Brauer. Bulletin of the London Mathematical Society［J］. 1978.

［7］C. W. Curtis. Pioneers of Representation Theory：Frobenius, Burnside, Schur, and Brauer［M］. Providence, Rhode Island, 1999.

［8］R. Solomon. A Brief History of the Classification of the Finite Simple Groups. Bulletin of the American Mathematical Society［J］. 1979.

［9］段学复. 段学复文集［M］. 北京：北京大学出版社, 1999.

［10］程民德. 中国现代数学家传［M］. 南京：江苏教育出版社, 1995.

［11］冯绪宁, 袁向东. 中国近代代数史简编［M］. 济南：山东教育出版社, 2006.

柯尔莫哥洛夫 "复杂性研究中的欧几里得"

［1］D. Kendall. etc. . Andrei Nikolaevich Kolmogorov（1903-1987）［J］. Bull. London Math. Soc., 22（1）(1990)：31-100.

［2］张奠宙. 20世纪数学经纬［M］. 上海：华东师范大学出版社, 2002.

［3］Paul M. B. Vitanyi. A Short Biography of A. N. Kolmogorov［J］. CWI Quarterly, 1988.

[4] A. N. Kolmogorov. The combinatorial Foundations of Information Theory and Probability Calculu [A]. Selected Works of A. N.Kolmogorov [C]. Vol. III. p.208-218.

[5] A. N. Kolmogorov. On the Logical Foundations of Probability Theory [A]. Selected Works of A. N. Kolmogorov [C]. Vol.II. Edited by A.N. Shiryayev (Translated from the Russian by G. Lindquist), Kluwer Academic Publishers, Dordrecht/Boston/London, 1992.

[6] R. L. Dobrushin. Information Theroy [A]. Selected Works of A. N. Kolmogorov [C]. Vol.III, 1993.

[7] N. N. Bogolyubov, B. V. Gnedenko, S. L. Sobolev. Andrei Nikolaevich Kolmogorov [A]. Selected Works of A. N. Kolmogorov [C]. Vol. III. p. xii.

人名对照表

（按外文姓氏的首字母排序）

A

阿贝尔——N. H. Abel

阿克曼——W. Ackermann

艾伯特——A. A. Albert

亚历山大——J. W. Alexander

亚历山德罗夫——P. S. Alexandrov

阿基米德——Archimedes

阿诺德——V. I. Arnold

阿廷——Emil Artin

B

R. 拜尔——R. Baer

B. 拜尔——B. Baire

鲍尔——Rouse Ball

巴 - 希勒尔——Y. Bar-Hillel

贝特森——W. Bateson

巴维利——Bavli

伯奈斯——P. Bernays

贝尔纳——J. Bernal

伯努利——Jakob Bernoulli

伯恩施坦——C. H. Bernstein

比伯巴赫——L. Bieberbach

比内梅——J. Bienayme

伯克霍夫——G. D. Birkhoff

布莱克威尔——K. Blackwell

布卢姆——D. M. Bloom

布鲁门塔尔——Blumenthal

博贝廖夫——D. K. Bobylev

博赫纳——S. Bochner

玻尔——Nieis Bohr

博尔舍夫——Bolshev

玻耳兹曼——L. Boltzmann

波尔扎——O. Bolza

乔治·布尔——George Boole

保莱尔——E. Borel

玻恩——M. Born

布洛夫科夫——A. A. Borovkov

布饶尔——Richard Dagobert Brauer

布劳威尔——L. E. J. Brouwer

乔治·布朗——George W. Brown

R. 布朗——Robert Brown

W. P. 布朗——W. P. Brown

布鲁克——R. H. Bruck

巴博——M. Buber
布达耶夫——H. C. Budaev
布林斯基——Bulinskii
布尼亚科夫斯基——V. Y. Bunyakovsky
伯恩塞德——W. Burnside
布泽斯库尔——B. P. Buzeskul

C

康托尔——Georg Cantor
卡拉特奥多里——C. Caratheodory
克拉梅——H. Carmér
卡尔纳普——Rudolf Carnap
卡尔——George S. Carr
卡索——W. E. Castle
凯雷——A. Cayley
切比雪夫——P. L. Chebyshev
契诃夫——A. P. Chekhov
车尔尼雪夫斯基
　　——N. G. Chernyshevsky
克里斯托费尔——Christohel
丘奇——A. Church
克莱罗——A. C. Clairaut
科恩——Paul Cohen
孔德——A. Comte
科色拉——E. Cosserat
柯朗——R. Courant

D

达布——Darboux
达尔文——G. H. Darwin
达文波特——H. Davenport
戴德金——J. W. R. Dedekind
迪克森——L. E. Dickson
狄利克雷——P. G. L. Dirichlet
杜勃罗留波夫——N. A. Dobrolubov
多尔福斯——Engelbert Dollfuss
德雷本——B. Dreben

E

埃伦费斯特——P. Ehrenfest
埃尔利希——P. Ehrlich
依戈罗夫——Egorov
爱因斯坦——A. Einstein
艾森——C. G. Essen
欧拉——Leonhard Euler

F

费格尔——H. Feigl
费特——W. Feit
费马——Pierre de Fermat
费歇尔——E. Fischer
弗列克斯纳——A. Flexner
冯——P. Fong

福尔曼——Philip Forman
福勒——K. A. Fowler
弗兰克尔——A. H. Fraenkel
弗莱歇——M. R. Frechet
弗瑞德霍姆——Fredholm
弗雷格——G. Frege
弗洛伊德——S. Freud
弗罗贝尼乌斯——F. G. Frobenius
拉撒路·富克斯——I. L. Fuchs
福特温格勒——Phillip Furtwängler

G

伽贝尔斯伯格——F. X. Gabelsberger
伽罗瓦——Evariste Galois
高尔顿——F. Galton
高斯——Carl Friedrich Gauss
盖尔范德——I. M. Gelfand
吉布斯——J. W. Gibbs
纪德——A. Gide
格莱斯通——William Ewart Gladstone
格莱舍尔——J. W. L. Glaisher
格涅坚科——B. V. Gnedenko
哥德尔——Kurt Gödel
歌德——Johann Wolfgang von Goethe
高尔基——M. Gorky
贡佩茨——H. Gomperz
戈尔丹——Gordan

格瑞林——Kurt Grelling

H

阿达玛——J. Hadamard
哈恩——Hans Hahn
海尔登——J. B. S. Haldane
霍尔——M. Hall
哈密顿——William Hamilton
哈代——Godfray Harold Hardy
托马斯·哈代——Thomas Hardy
哈里斯——M. E. Harris
哈塞——H. Hasse
海森伯——W. K. Heisenberg
海莱——Eduard Helly
亥姆霍兹——H. von Helmholtz
亨泽尔——K. Hensel
埃尔米特——C. Hermite
海丁——A. Heyting
希格曼——G. Higman
希尔伯特——David Hilbert
霍格本——L. Hogben
赫尔姆格林——Holmgren
霍布森——E. W. Hobson
霍普夫——Heinz Hopf
胡塞尔——Husell
胡尔维茨——Adoef Hurwitz
惠更斯——C. Huygrens

I

伊姆含涅茨基——B. G. Imshenetsky

英费尔德——L. Infeld

艾萨克——I. M. Isaacs

J

雅可比——C. G. J. Jacobi

扬科——Z. Janko

汉斯——J. P. Jans

金斯——J. H. Jeans

詹纳——W. Jenner

詹宁斯——S. A. Jennings

若尔当——C. Jordan

K

康德——I. Kant

卡塔耶夫——Nikolai Kataev

肯德尔——Kendall

凯恩斯——J. M. Keynes

辛钦
——Aleksandr Yakovlevich Khinchin

克林——S. C. Kleene

克莱因——Felix Klein

克诺普——K. Knopp

科赫——H. von Koch

柯尔莫哥洛夫——A. N. Kolmogorov

科尔金——A. N. Korkin

柯罗连科——V. G. Korolenko

柯瓦列夫斯卡娅——C. B. Kovalevskaya

克莱塞尔——G. Kreisel

克赖斯基——B. Kreisky

克雷洛夫——A. H. Krylov

库默尔——E. E. Kummer

L

拉格朗日——J. L. Lagrange

拉梅——G. Lamé

兰道——E. Landau

拉普拉斯——P. S. Laplace

劳厄——M. von Laue

勒贝格——H. Lebesgue

莱夫谢茨——Solomon Lefschetz

莱布尼茨——G. W. Leibniz

伦纳德——H. S. Leonard

莱维——P. Lévy

刘易斯——D. J. Lewis

林赛——J. H. Lindsey

林德曼——Lindemann

林尼克——B. Linnik

里特伍德——J. E. Littlewood

刘维尔——J. Liouville

罗巴切夫斯基——N. I. Lobachevsky

洛伊——Loewy

罗尼——Loney
拉夫——Love
卢津——N. N. Luzin
李雅普诺夫
　　——Alexander Mikhailovich Lyapunov

M

马赫——E. Mach
麦克劳林——C. Maclaurin
迈格努斯——W. Magnus
马尔采夫——A. I. Mal'tsev
亨利希·曼——Heinrich Mann
托马斯·曼——Thomas Mann
马尔科夫——Markov
马萨里克——Tomas Masaryk
迈耶——Walther Mayer
孟德尔——G. Mendel
门捷列夫——D. I. Mendeleev
门德尔松——N. S. Mendelsohn
门格尔——K. Menger
米哈列维奇——Mikhalevich
米林斯奇科夫——M. D. Millionshchikov
闵可夫斯基——Hermann Minkowski
米泽斯——R. von Mises
姆洛捷耶夫斯基——V. B. Mlodzeevsky
莫宁——A. S. Monin
德·摩根——A. de Morgan

摩根施坦——O. Morgenstein
莫泽——J. K. Moser
莫斯托夫斯基——A. Mostowski

N

永尾凡——H. Nagao
中山正——Tadasi Nakayama
涅克拉索夫——P. A. Nekrasov
能斯特——W. Nernst
内斯比特——C. J. Nesbitt
冯·诺伊曼——J. von Neumann
内维尔——Neville
牛顿——I. Newton
尼科尔斯基——S. M. Nikol'skii
诺特——Emmy Noether
马克斯·诺特——Max Noether

O

奥布霍夫——A. M. Obukhov
奥西波夫斯基——T. F. Osidovsky
大岛——M. Osima
奥斯特洛格拉德斯基
　　——M. B. Ostrogadrsky

P

班勒卫——P. Painleve

帕什——Pasch

帕斯曼——D. S. Passman

皮尔逊——K. Pearson

皮卡——E. Picard

皮萨列夫——D. I. Pisarev

普朗克
——Max Karl Ernst Ludwig Planck

庞加莱——Henri Poincare

泊松——S. D. Poisson

波利亚——G. Polya

庞特里亚金——L. S. Pontryagin

普凯特——Adele Porkert

波瑟——K. A. Posse

普罗霍罗夫——Yu. V. Prokhorov

普劳斯特——Proust

潘内特——R. C. Punnett

普希金——A. C. Pushkiv

Q

蒯因——W. V. Quine

R

拉马努金——S. A. Ramanujan

赖兴巴赫——H. Reichenbach

瑞德迈斯特——K. Reidemeister

雷诺兹——W. F. Reynolds

理查逊——Richardson

黎曼——G. F. B. Riemann

罗伯森——Donald Robertson

罗滨逊——A. Robinson

罗果辛斯基——W. W. Rogosinski

罗曼诺夫——M. Romanov

伦琴——Wilhelm Konrad Röntgen

罗塞尔——J. B. Rosser

罗素——B. Russell

卢斯特——Rust

S

塞德勒——Sadleir

希尔普——P. A. Schilpp

石里克——M. Schlick

施密特——E. Schmidt

施罗德——E. Schroder

舒尔——I. Schur

施温格——J. S. Schwinger

斯科特——D. Scott

谢切诺夫——I. M. Sechenov

塞瓦斯梯亚诺夫——B. A. Sevastiyanov

申农——Claude Shannon

希罗夫——Shilov

西格尔——C. L. Siegel

史拉兹丁诺夫——S. G. Sirazhdinov

斯科朗——A. T. Skolem
史密斯——Henry Smith
斯诺——C. P. Snow
索霍茨基——Y. B. Sohotsky
索末菲——A. Sommerfeld
索菲亚——Sophia
斯派克特——C. Spector
斯宾诺莎——Spinoza
所罗门——L. Solomon
斯坦顿——G. Stanton
斯坦因伯格——R. Steinberg
斯坦尼兹——E. Steinitz
斯捷克洛夫——B. A. Steklov
斯捷潘诺夫——V. V. Stepanov
斯特恩——C. Stern
斯提吉斯——Th. J. Stieltjes
斯托雷平——П. A. Stolypin
铃木通夫——M. Suzuki
塞格——G. Szegê

T

梯其马什——E. C. Titchmarsh
汉斯·特林——Hans Thirring
汤普森——J. G. Thompson
萨尔——Thrall
托尔斯泰——Lev Nikolaevich Tolstoy

U

弗拉索夫——P. S. Urysohn

V

瓦里瓦契耶娃——M. N. Valyvatyeva
瓦西里耶夫——A. B. Vasiliev
维布伦——Oswald Veblen
维奇琴科——Verchenko
韦达——F. Viète
维托利斯——L. Vietoris
维拉蒂米洛维奇
　　——Bakhrushin Vladimirovich

W

范德瓦尔登——B. L. van der Waerden
魏斯曼——F. Waismann
沃尔德——A. Wald
威尔斯——D. B. Wales
沃尔——G. E. Wall
沃尔特——J. Walter
沃德——H. N. Ward
华林——Waring
韦伯——Heinrich Weber
韦德伯恩——J. H. M. Wedderburn
温伯格——W. Weinberg

魏茨曼——C. A. Weizmann

外尔——Hermann Weyl

怀特海——A. N. Whitehead

维纳——N. Wiener

维特根斯坦——Ludwig Wittgenstein

赫尔曼·维纳——Hermann Wiener

王——W. Wong

Y

亚宁——Valentin Yanin

Z

扎里斯基——Oscar Zariski

策梅洛——E. F. F. Zermelo

茹可夫斯基——H. E. Zhukovsky

佐洛塔廖夫——E. I. Zolotarev